발 행 일	2024년 09월 06일(1판 1쇄)
개 정 일	2025년 02월 03일(1판 2쇄)
I S B N	979-11-92695-49-5(13000)
정 가	14,000원

기 획	컴벤져스
집 필	최은영, 전윤주
진 행	김진원
본문디자인	디자인앨리스

발 행 처	㈜아카데미소프트
발 행 인	유성천
주 소	경기도 파주시 정문로 588번길 24
홈 페 이 지	www.aso.co.kr

※ 이 책은 저작권법에 따라 보호를 받는 저작물이므로 무단 전재와 무단 복제를 금지하며, 이 책 내용의 전부 또는 일부를 이용하려면 반드시 ㈜아카데미소프트의 서면동의를 받아야 합니다.

Orientation

엑셀이란 무엇인가요?

엑셀(Excel)은 마이크로소프트(Microsoft) 사에서 개발한 스프레드시트 프로그램으로써 숫자와 글자를 효율적으로 정리하고 계산하는 데 사용되는 강력한 도구입니다. 복잡한 데이터를 표 형태로 요약하거나 정리할 수 있으며, 수식과 함수를 사용해 계산이 필요한 문서를 만들거나 그래프 기능을 이용하여 시각화하여 이해하기 쉽게 작성할 수 있습니다.

■ 엑셀 화면 구성 살펴보기

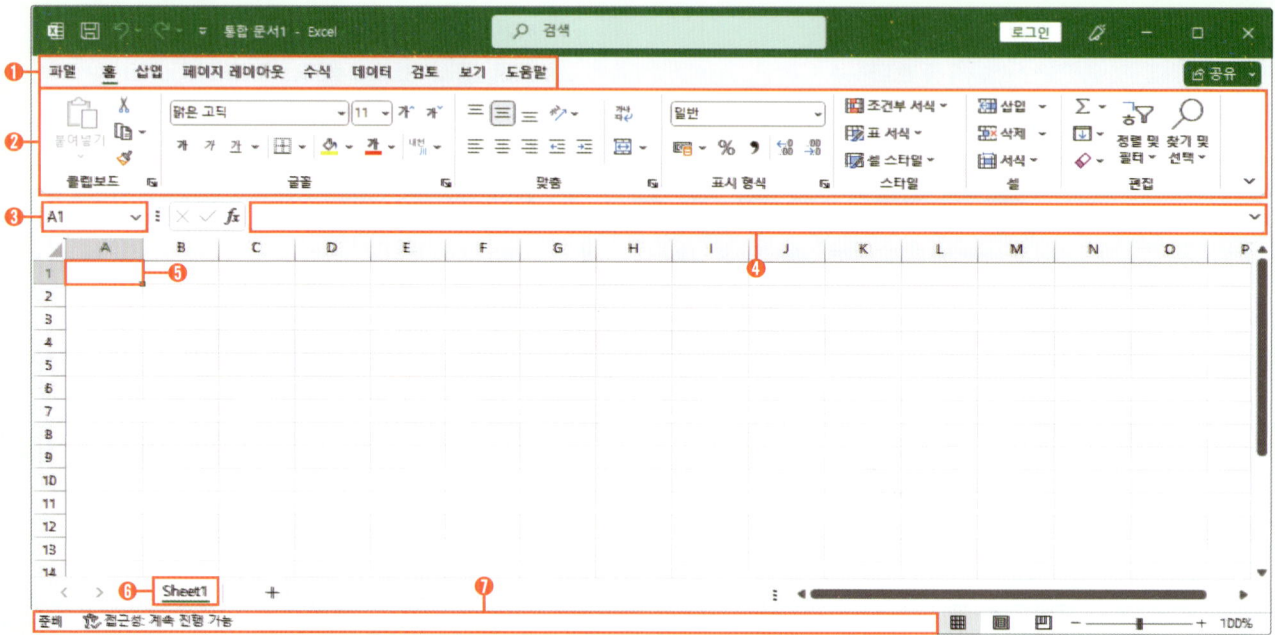

❶ **리본 메뉴 탭** : 각 탭의 명칭과 관련 있는 기능별로 묶어 놓았습니다.

❷ **리본 메뉴 그룹** : 각 탭을 선택하면 해당 메뉴에 관련된 기능들이 시각적으로 아이콘들로 나열되어 있습니다.

❸ **이름 상자** : 셀의 고유한 주소 값을 확인하고, 특정 영역에 이름을 부여할 수 있는 공간입니다.

❹ **수식 입력 줄** : 셀에 입력한 수식이나 데이터를 확인하고 수정할 수 있는 공간입니다.

❺ **셀(cell)** : 가로줄과 세로줄이 만나는 지점을 셀이라고 합니다. 각 셀은 고유한 주소를 가지며 데이터가 입력되는 공간이 됩니다. 예를 들어 A1이라고 읽습니다.

❻ **시트(Sheet) 탭** : 각각의 시트에 다른 정보들을 작성하고 담는 공간이 됩니다.

❼ **상태 표시줄** : 엑셀 작업 상태를 표시하는 데 사용되며, 준비, 입력 중, 수식 계산 등의 상태를 알려주는 역할을 합니다.

이런 내용으로 구성되어 있어요!

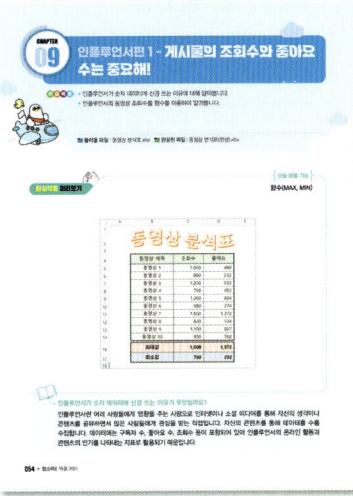

■ 완성작품 미리보기

각 장별로 스토리를 소개하고 완성 작품을 미리 확인할 수 있어요.

■ 본문 따라하기

엑셀 2021의 여러 가지 기능들을 체계적으로 학습할 수 있도록 구성되어 있어요.

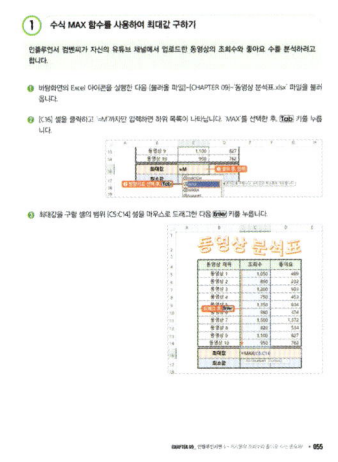

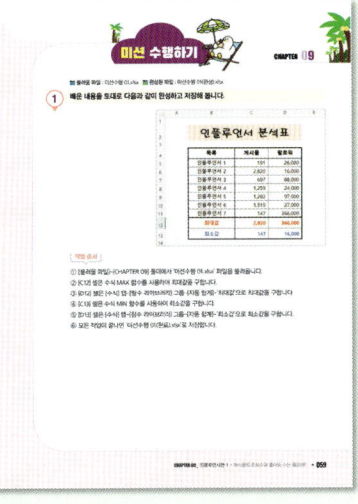

■ 연습문제

앞에서 배운 내용을 다시 한 번 복습할 수 있도록 미션 수행 문제를 제공합니다. 그리고 중간점검과 최종점검으로 배운 내용을 점검할 수 있도록 구성되어 있어요.

CONTENTS

CHAPTER 01
엑셀을 배우면 미래에 더 멋진 직업을 가질 수 있다.

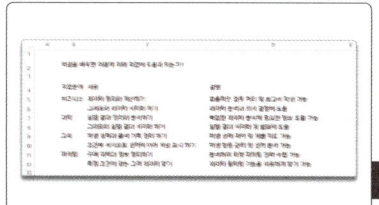

006

CHAPTER 02
운동 선수편 1 – 더 멋진 운동선수가 되려면 운동 기록은 필수야!

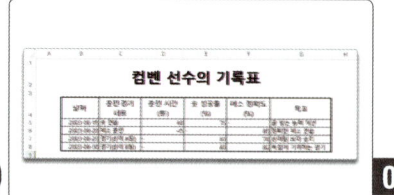

012

CHAPTER 03
운동 선수편 2 – 식단 관리는 운동선수에게 꼭 필요해.

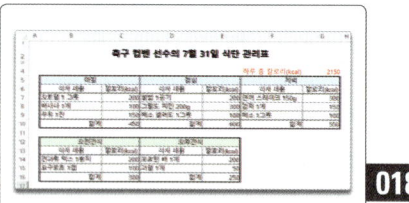

018

CHAPTER 04
여행 유튜버편 1 – 우리나라와 시차는 어떻게 다른가?

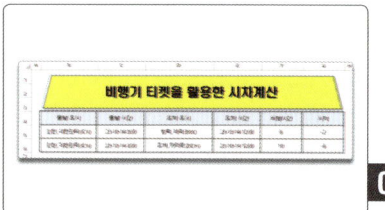

024

CHAPTER 05
여행 유튜버편 2 – 가장 중요한 건 뭐니 머니 해도 머니(money)지!

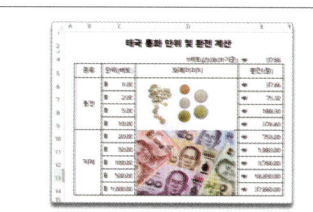

030

CHAPTER 06
여행 유튜버편 3 – 여행지 기온과 강우량 체크하기

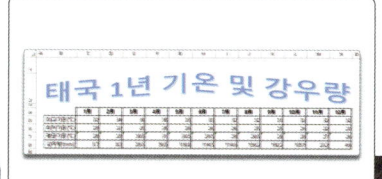

036

CHAPTER 07
교사편 1 – 1학기 출석 확인을 해 볼까?

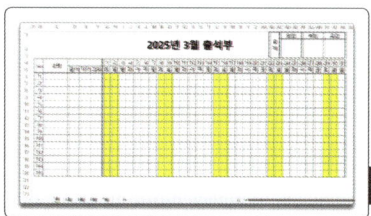

042

CHAPTER 08
교사편 2 – 성적 결과를 정리 해 볼까?

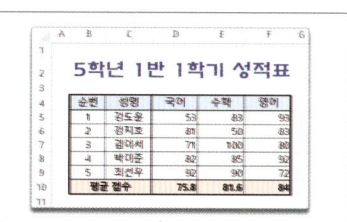

048

CHAPTER 09
인플루언서편 1 – 게시물의 조회 수와 좋아요 수는 중요해!

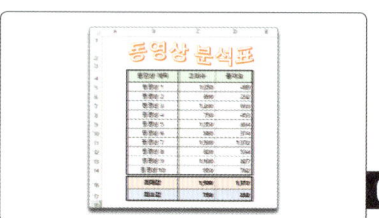

054

CHAPTER 10
인플루언서편 2 – 공동구매 진행 리스트 작성해 보자.

060

CHAPTER 11
재무 설계사편 1 – 고객들의 투자 성향을 분석해 보자.

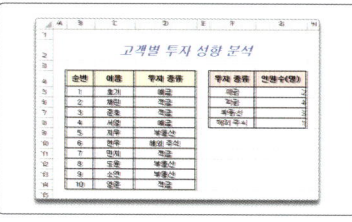

066

CHAPTER 12
재무 설계사편 2 – 은행별 이자를 비교해서 추천해 줘야지!

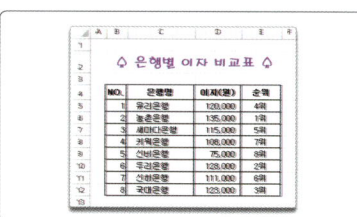

072

CHAPTER 01 엑셀을 배우면 미래에 더 멋진 직업을 가질 수 있다.

- 엑셀을 배우면 다양한 분야의 직업을 가질 수 있는지 알아봅니다.
- 엑셀과 직업의 연관성을 표로 정리하는 방법을 알아봅니다.

■ 불러올 파일 : 없음 ■ 완성된 파일 : 엑셀과 직업의 연관성(완성).xlsx

오늘 배울 기능

데이터 입력, 행/열 크기 조절, 저장

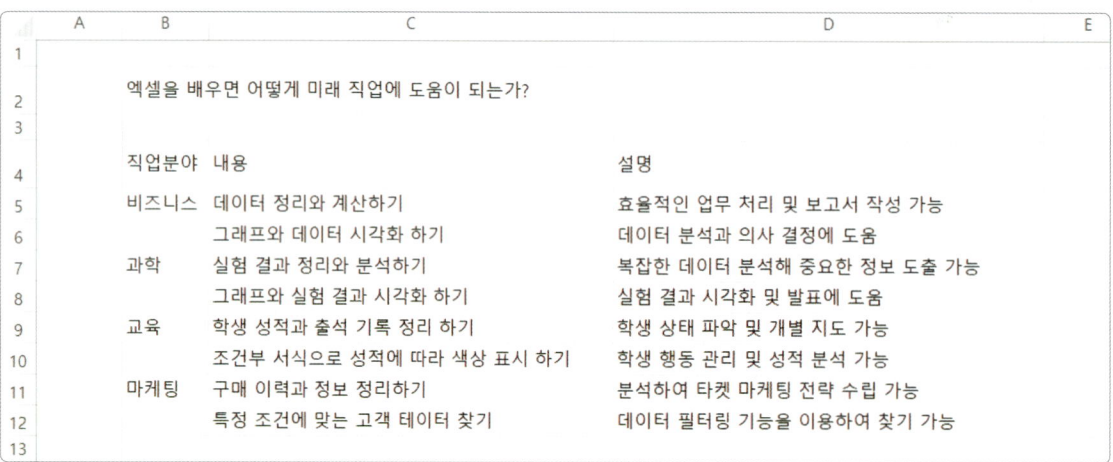

엑셀을 배우면 왜 미래에 더 멋진 직업을 가질 수 있나요?

엑셀은 데이터를 효율적으로 정리하고 분석하는데 매우 유용한 도구로서 다양한 직업들에서 필수적으로 활용되고 있습니다. 엑셀을 배우는 것은 데이터를 다루고 문제를 해결하는 데 중요한 기술을 갖추는 것이며 비즈니스, 과학, 교육, 마케팅, 연구 등 다양한 분야에서 엑셀의 활용이 요구되고 있습니다. 따라서 엑셀을 잘 다루는 능력은 미래에 멋진 직업을 가질 수 있게 경쟁력을 키우는 것이며 중요한 열쇠가 될 것입니다. 또한, 엑셀을 배우면 여러분은 더욱 효율적으로 일을 할 수 있고 데이터를 활용하여 창의적인 문제 해결을 할 수 있게 될 것입니다.

① 엑셀 2021 실행하기

❶ [시작( )]-[Excel( )]를 선택하거나 바탕화면에 바로가기 아이콘( )을 더블클릭하여 엑셀을 실행시킨 후, '새 통합 문서'를 클릭합니다.

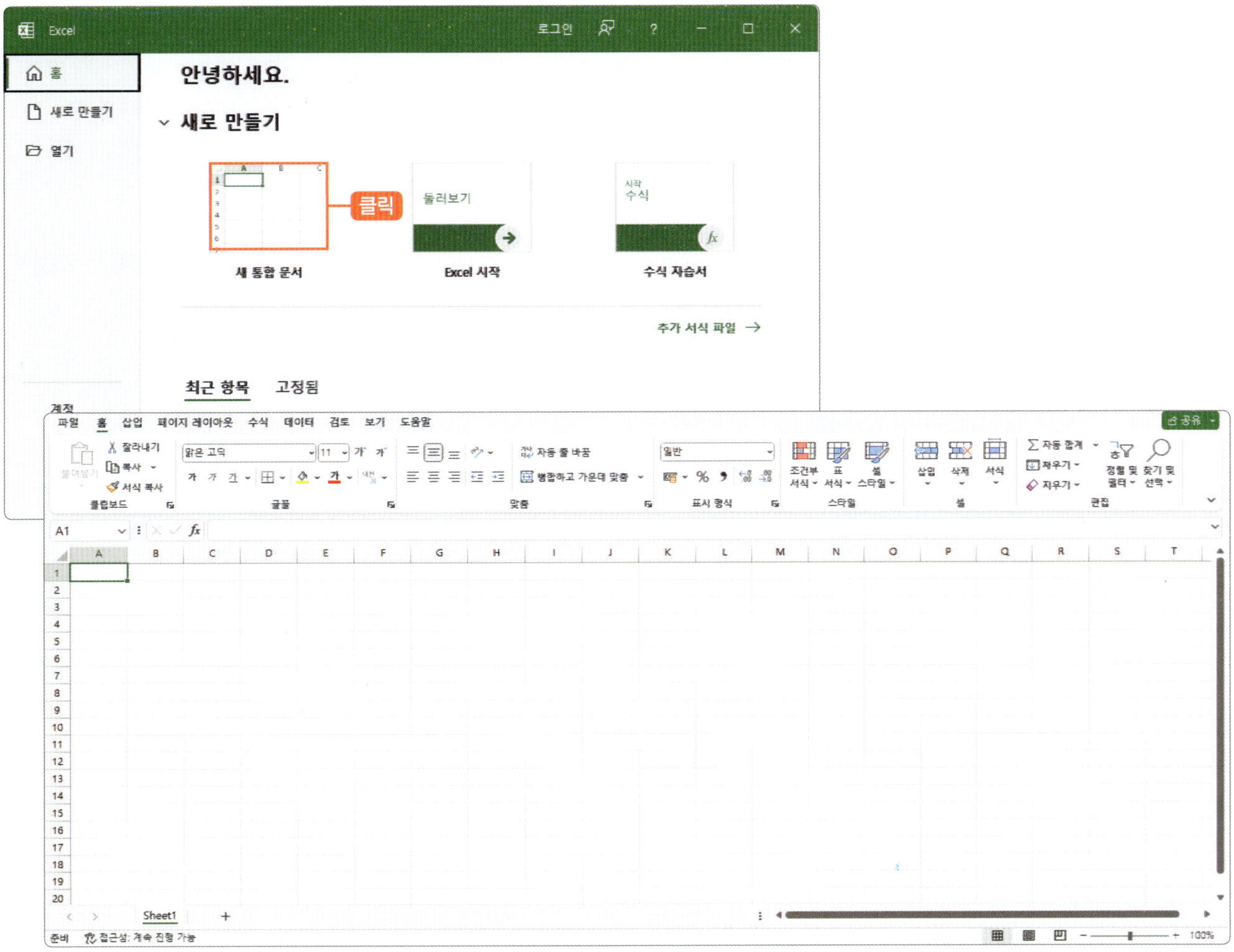

② 텍스트 입력, 행/열 크기 조절

❶ [B2] 셀을 클릭한 다음 "엑셀을 배우면 어떻게 미래 직업에 도움이 되는가?"를 입력합니다.

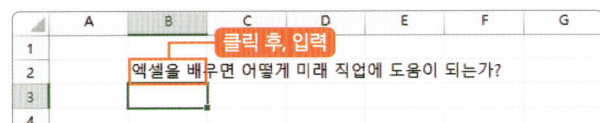

키보드 키를 이용하여 셀 이동하는 방법

- Enter 키를 누르면 셀 아래로 이동하고, Tab 키를 누르면 셀 오른쪽으로 이동합니다. 또는, 방향키 ←, →, ↑, ↓ 키를 이용하여 자유자재로 셀을 이동할 수 있습니다.

❷ 같은 방법으로 다음과 같이 셀에 데이터를 입력합니다.

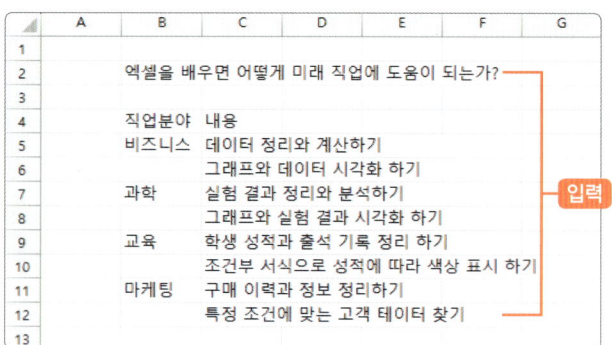

> **TIP**
> **입력된 셀의 내용을 수정하는 방법**
> • 입력한 내용을 수정하고 싶을 때는 해당 셀을 선택한 후, F2 키를 눌러 수정하거나, 수식 입력줄을 이용하여 수정할 수 있습니다.

❸ 글자 길이에 맞춰 셀 너비를 조절하기 위해 C열과 D열 사이에 마우스 포인터를 위치시키고 마우스 포인터가 ✥ 모양으로 바뀌면 더블클릭합니다.

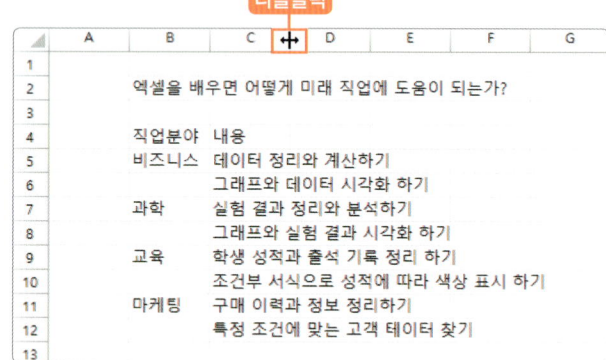

> **TIP**
> **행 높이와 열 너비 조절하기**
> • 행 머리글이나 열 머리글의 경계에 마우스 포인터를 위치시키고 더블클릭하면 데이터의 길이에 맞게 자동으로 크기가 변경됩니다. 또는, 드래그하여 원하는 크기로 조절합니다.

❹ 같은 방법으로 다음과 같이 설명 부분의 데이터를 입력한 다음 D열의 너비를 조절합니다.

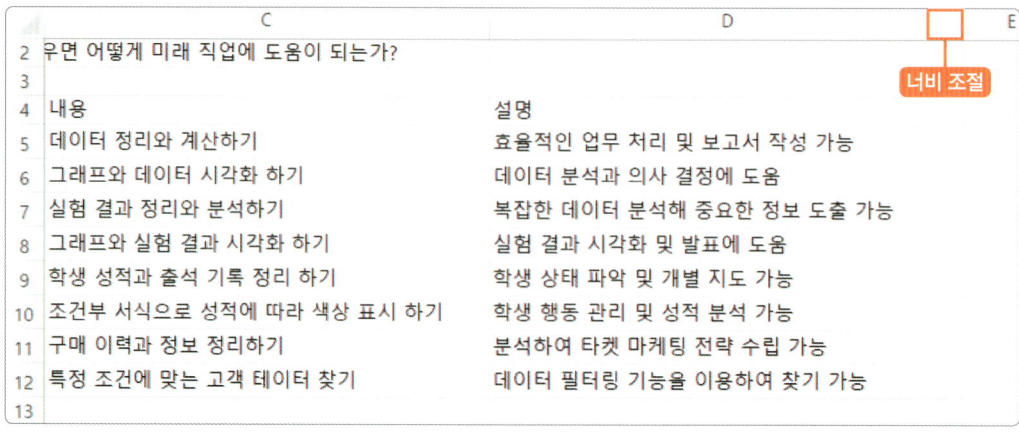

❺ 2행을 클릭하고 Ctrl 키를 누르면서 4행을 클릭한 다음 행 머리글에서 마우스 오른쪽 단추를 눌러 [행 높이]를 클릭합니다.

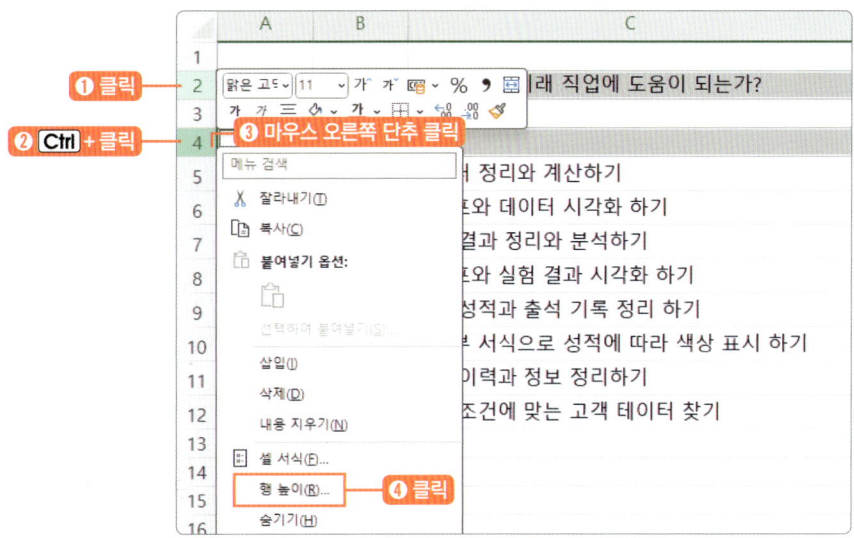

❻ [행 높이] 대화상자가 나오면 입력 칸에 '30'을 입력한 후, <확인> 단추를 클릭합니다.

❼ 2행과 4행의 행 높이가 변경되었는지 확인합니다.

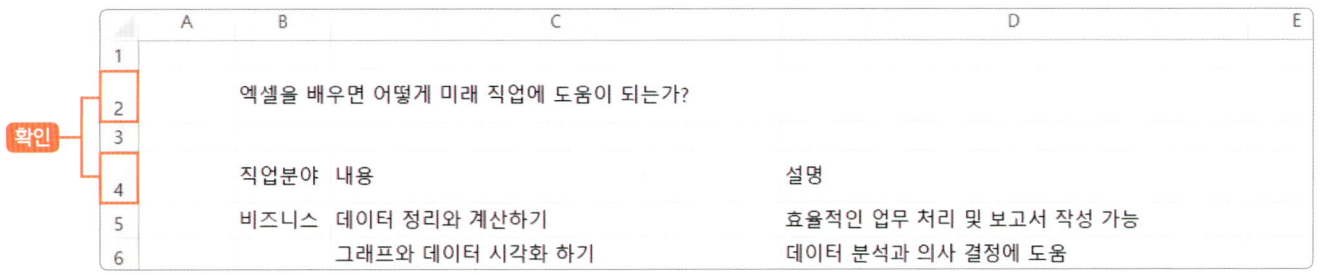

3 저장하기

❶ [파일] 탭-[다른 이름으로 저장]-[찾아보기]를 클릭합니다.

※ 저장(💾) 아이콘을 클릭해도 저장이 됩니다.

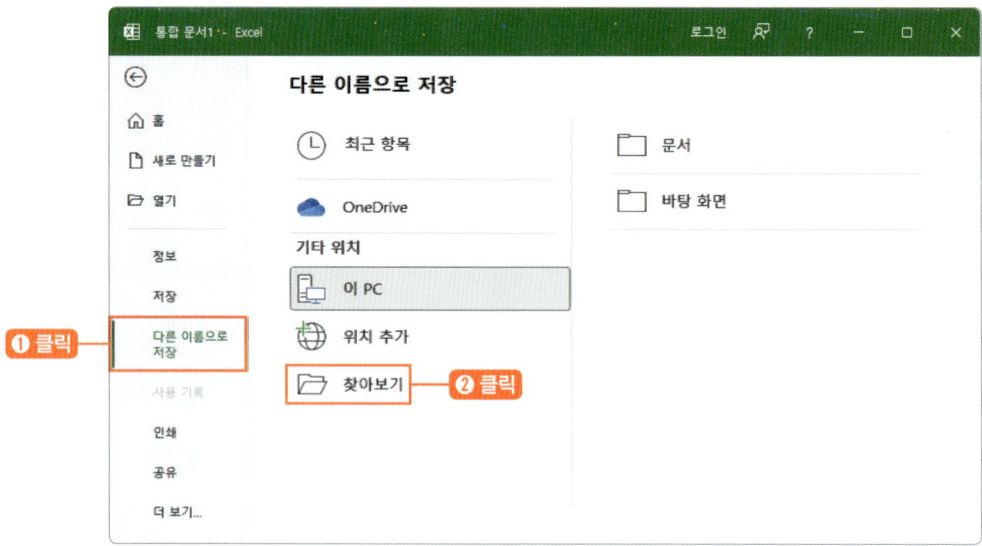

TIP
- 만일 다른 위치의 드라이브 또는 폴더에 저장하고 싶으면 경로를 지정하면 됩니다. (예를 들어 USB 드라이브에 저장하고 싶으면 [이 PC]를 더블클릭한 다음 [USB 드라이브]를 클릭하면 됩니다.)

❷ [다른 이름으로 저장] 대화상자가 나오면 본인의 폴더에 파일 이름을 "엑셀과 직업의 연관성(완성)"으로 입력하고 <저장> 단추를 클릭합니다.

CHAPTER 01

■ 불러올 파일 : 없음   ■ 완성된 파일 : 미션수행 01(완성).xlsx

 배운 내용을 토대로 다음과 같이 완성하고 저장해 봅니다.

	A	B	C	D
1				
2		직업과 엑셀의 연관성		
3				
4		직업	연관성	
5		과학자 또는 연구원	실험 결과를 정리한 테이블과 그래프를 활용	
6		예산 담당자	수입과 지출 데이터로 이루어진 예산표 작성	
7		데이터 과학자	피벗 테이블을 이용하여 데이터를 요약	
8		기자 또는 블로거	인터뷰 결과를 정리한 표와 그래프 작성	
9		비즈니스 애널리스트	매출과 지출 데이터를 그래프로 시각화하고 분석	
10		마케팅 담당자	고객 데이터를 정리하고 필터링	
11				

• HINT •

1. 위 그림을 보고 데이터를 입력합니다.
2. B열과 C열의 너비를 각각 데이터 길이에 맞춥니다.
3. 4행부터 10행까지 행 높이를 '30'으로 변경합니다.
4. 위 그림과 같이 완성되었다면 '미션수행 01(완성).xlsx'로 저장합니다.

TIP

셀의 높이와 너비 입력하는 방법

- 행 머리글이나 열 머리글에 마우스 오른쪽 단추를 클릭하면 바로가기 메뉴가 생깁니다.
- [열 너비] 클릭 – [열 너비] 값 입력 – <확인> 단추를 클릭 또는 [행 높이] 클릭 – [행 높이] 값 입력 – <확인> 단추를 클릭합니다.
- 원하는 수치 값을 입력합니다.

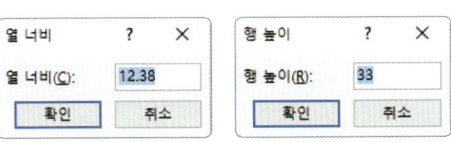

CHAPTER 02 운동 선수편 1 - 더 멋진 운동선수가 되려면 운동 기록은 필수야!

- 운동선수에게 운동 기록이 왜 필수인지 알아봅니다.
- 운동 기록표는 어떻게 작성하는지 알아봅니다.

📁 불러올 파일 : 컴벤선수 기록표.xlsx   📁 완성된 파일 : 컴벤선수 기록표(완성).xlsx

{ 오늘 배울 기능 }
셀 병합, 셀 서식, 표 테두리

날짜	훈련·경기 내용	훈련 시간 (분)	슛 성공률 (%)	패스 정확도 (%)	목표
2023-06-15	슛 연습	60	75	-	골 넣는 능력 개선
2023-06-20	패스 훈련	45	-	85	정확한 패스 연습
2023-06-23	경기(상대 A팀)	-	60	78	상대팀 보다 승리
2023-06-30	경기(상대 B팀)	-	80	82	득점에 기여하는 경기

운동선수들이 기록을 하는 이유는 무엇일까요?

운동선수들이 개인 기록표를 만들어서 관리하는 이유는 자신의 훈련과 경기 성적을 체계적으로 기록하고 분석하여 발전과 성장, 한계를 극복하기 위해서입니다. 기록표를 통해 자신의 강점과 약점을 파악하고, 목표를 설정하며 더 나은 성적을 달성하는 데 도움이 됩니다. 또한, 감독이나 코치와의 소통을 원활하게 하며, 목표를 설정하여 지속적으로 발전할 수 있게 됩니다.

운동 기록표에는 어떤 정보를 포함할까요?

1. **날짜와 시간** : 훈련이나 경기가 진행된 날짜와 시간을 기록합니다.
2. **훈련·경기 내용** : 어떤 종류의 훈련이나 경기를 진행했는지 설명합니다.
3. **훈련 시간·거리·세트 수** : 운동의 시간, 거리 또는 세트 수 등 성적에 대한 기록을 합니다.
4. **결과** : 경기에서의 승패, 점수 등의 결과를 기록합니다.
5. **느낌·평가** : 운동 후, 느낀 감정이나 훈련의 만족도 등을 평가합니다.
6. **성과 비교** : 이전 기록과 비교하여 어떤 성과를 이뤘는지 확인합니다.
7. **목표** : 다음 훈련이나 경기에서 어떤 목표를 세우는지 기록합니다.

1 위의 내용을 토대로 축구선수 컴벤 선수의 기록표 작성하기

❶ 바탕화면 Excel 아이콘을 실행시킨 후, [열기]-[찾아보기] 클릭합니다. 이어서, [열기] 대화상자에서 [불러올 파일] -[CHAPTER 02]-'컴벤선수 기록표.xlsx' 파일을 선택하고 <열기> 단추를 클릭합니다.

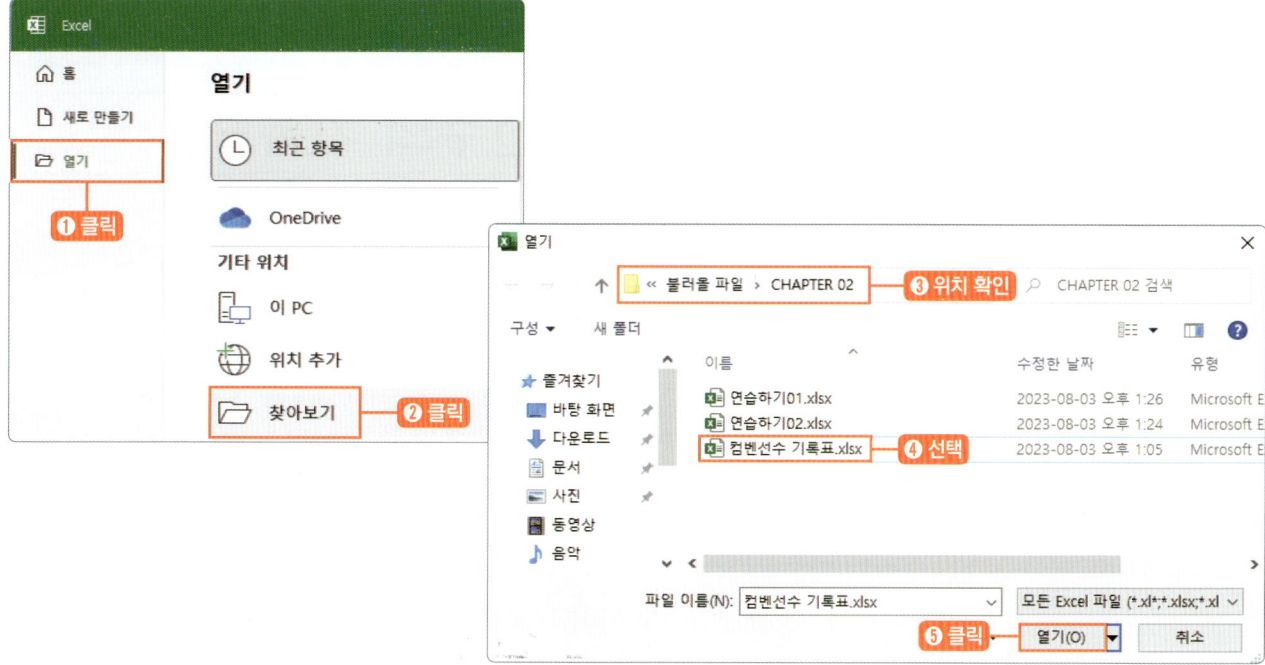

❷ [B2:G2] 셀까지 드래그한 다음 [홈] 탭-[맞춤] 그룹-'병합하고 가운데 맞춤(圖)'을 클릭합니다.

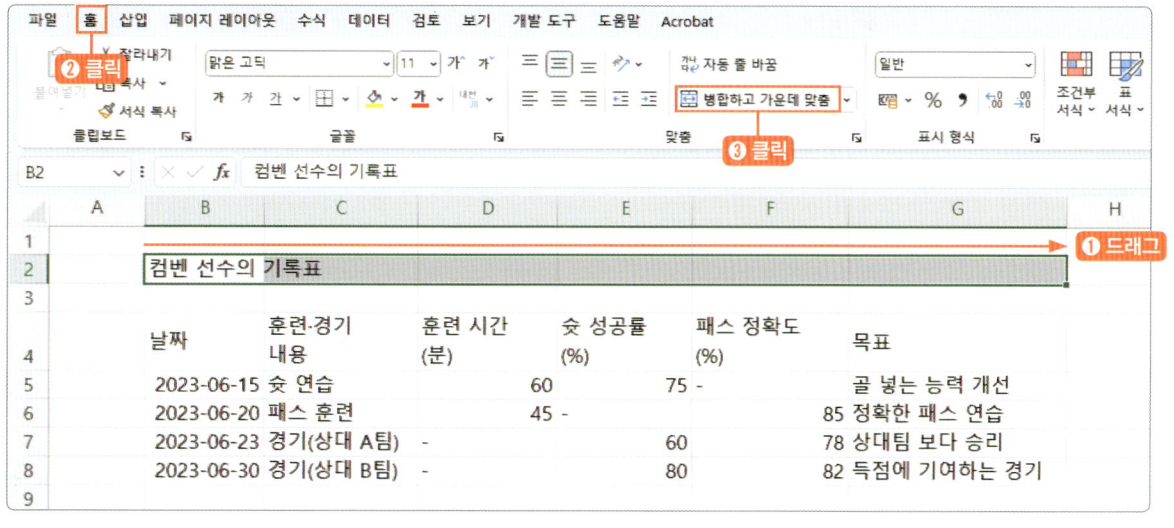

> **TIP**
> **병합된 셀을 분할 하는 방법**
> • 병합된 셀에서 [병합하고 가운데 맞춤]을 한 번 더 누르게 되면 병합된 셀이 분할됩니다.

❸ [B2] 셀을 클릭한 다음 [홈] 탭-[글꼴] 그룹-'글꼴 크기( )' 값을 '30'으로 입력하고 Enter 키를 눌러 글꼴 크기를 변경합니다.

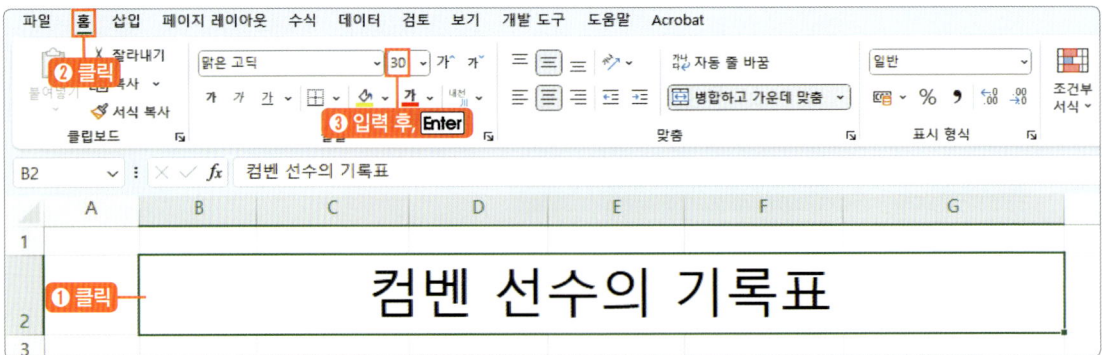

❹ 같은 방법으로 [B4:G4] 셀의 글꼴 크기를 '14'로 변경합니다.

> **TIP**
> **글꼴 크기 목록과 아이콘을 이용하여 변경하는 방법**
> - 리본 메뉴의 글꼴 크기 목록 단추( )를 클릭하거나 글꼴 크기 크게( ) 또는 글꼴 크기 작게( )를 클릭하여 글꼴 크기를 변경할 수 있습니다.

❺ [B2] 셀을 클릭한 다음 [홈] 탭-[글꼴] 그룹-'굵게( )'를 클릭합니다.
　※ 단축키 : Ctrl + B

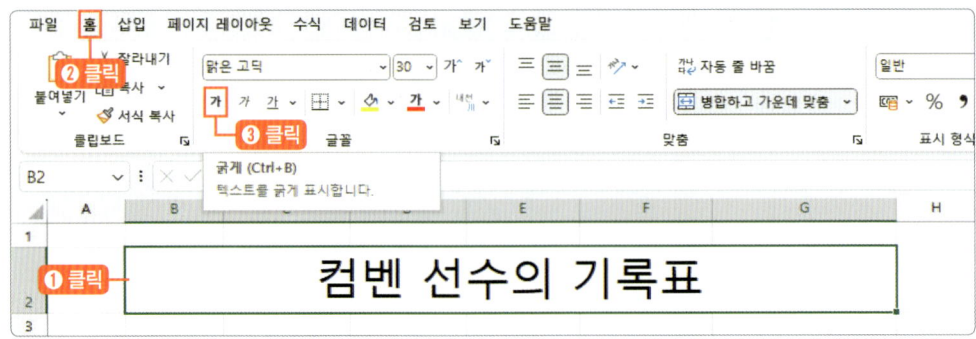

❻ [B4:G4] 셀을 드래그 한 다음 Ctrl 키를 누르면서 [F5], [E6], [D7:D8] 셀을 선택한 후, [홈] 탭-[맞춤] 그룹-'가운데 맞춤(≡)'을 클릭합니다.

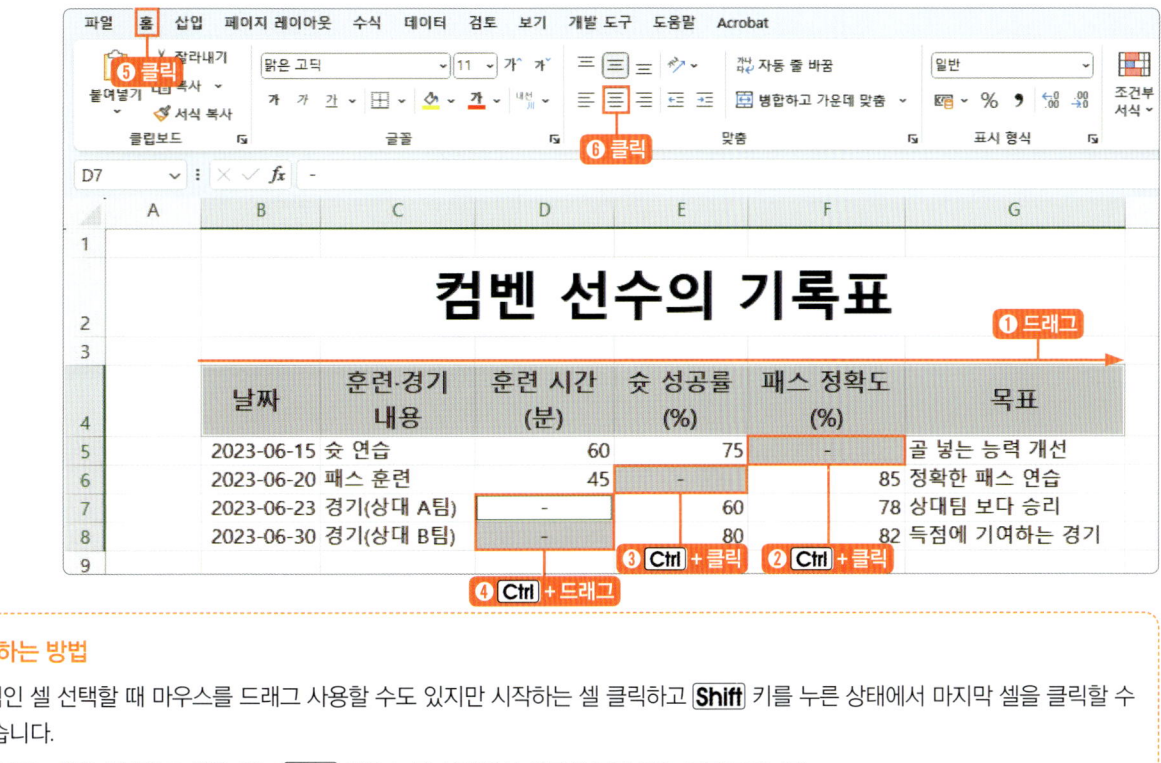

> **TIP**
>
> **셀 선택하는 방법**
> - 연속적인 셀 선택할 때 마우스를 드래그 사용할 수도 있지만 시작하는 셀 클릭하고 Shift 키를 누른 상태에서 마지막 셀을 클릭할 수도 있습니다.
> - 떨어져 있는 셀을 선택하고 싶을 때는 Ctrl 키를 누른 상태에서 셀들을 클릭 또는 드래그합니다.

❼ [B4:G8] 셀을 선택하고 [홈] 탭-[글꼴] 그룹-[테두리 목록단추(⊞▾)]-'모든 테두리'를 클릭합니다. 셀이 선택된 상태에서 다시 '굵은 바깥쪽 테두리'까지 선택하여 변경합니다.

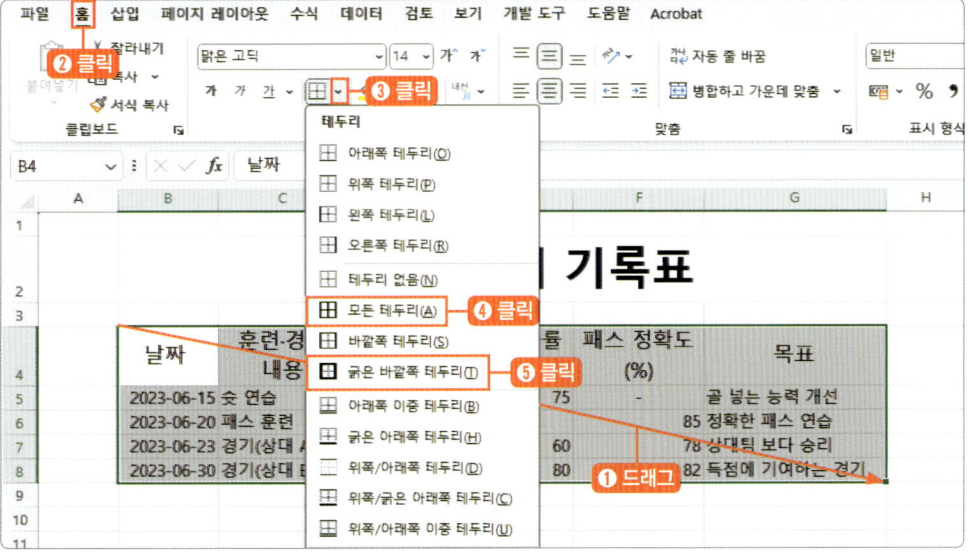

❽ 모든 작업이 끝나면 [파일] 탭-[다른 이름으로 저장]-[찾아보기]을 클릭합니다.

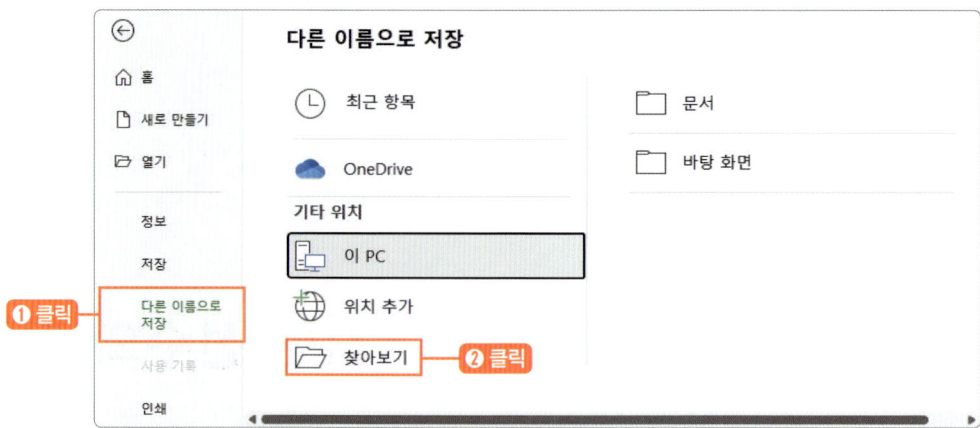

❾ [다른 이름으로 저장] 대화상자가 나오면 본인의 폴더에 파일 이름을 '컴벤선수 기록표(완성)'으로 입력하고 <저장> 단추를 클릭합니다.

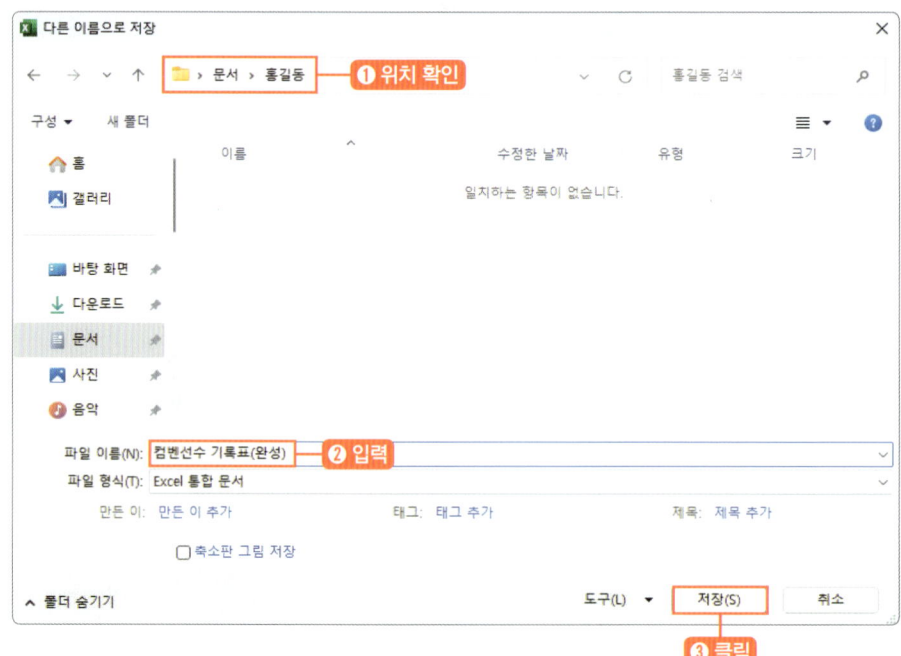

미션 수행하기

CHAPTER 02

■ 불러올 파일 : 미션수행 01.xlsx   ■ 완성된 파일 : 미션수행 01(완성).xlsx

 아래 그림과 같이 완성하고 저장해 봅니다.

작업 순서

① [불러올 파일]-[CHAPTER 02] 폴더에서 '미션수행 01.xlsx' 파일을 불러옵니다.
② [B2:H2] 셀을 선택하고 [병합하고 가운데 맞춤]을 합니다.
③ 위 그림을 참고하여 표 테두리, 글꼴 정렬, 글꼴 스타일 굵게, 글꼴 크기 등을 변경합니다.
④ 모든 작업이 끝나면 '미션수행 01(완료).xlsx'로 저장합니다.

■ 불러올 파일 : 미션수행 02.xlsx   ■ 완성된 파일 : 미션수행 02(완성).xlsx

 아래 그림과 같이 완성하고 저장해 봅니다.

작업 순서

① [불러올 파일]-[CHAPTER 02] 폴더에서 '미션수행 02.xlsx' 파일을 불러옵니다.
② 미션수행 01과 동일한 방법으로 작업합니다.
③ 모든 작업이 끝나면 '미션수행 02(완료).xlsx'로 저장합니다.

CHAPTER 03 운동 선수편 2 - 식단 관리는 운동선수에게 꼭 필요해.

- 식단 관리표를 작성하는 필수적인 이유는 무엇인지 알아봅니다.
- 운동선수의 식단 관리표는 어떻게 작성하는지 알아봅니다.

■ 불러올 파일 : 컴벤선수 식단표.xlsx   ■ 완성된 파일 : 컴벤선수 식단표(완성).xlsx

{ 오늘 배울 기능 }

셀 색 채우기, 함수 SUM

축구 컴벤 선수의 7월 31일 식단 관리표						
				하루 총 칼로리(kcal)		2150
아침		점심		저녁	
식사 내용	칼로리(kcal)	식사 내용	칼로리(kcal)	식사 내용	칼로리(kcal)
오트밀 1 그릇	200	쌀밥 1공기	200	연어 스테이크 150g	300
바나나 1개	100	그릴드 치킨 200g	300	감자 1개	150
우유 1잔	150	채소 샐러드 1그릇	100	채소 1그릇	100
합계	450	합계	600	합계	550

오전간식		오후간식	
식사 내용	칼로리(kcal)	식사 내용	칼로리(kcal)
견과류 믹스 1봉지	200	프로틴 바 1개	200
요구르트 1컵	100	과일 1개	50
합계	300	합계	250

▶ 운동 기록표 작성만큼 식단 관리표도 철저히 하는 이유는 무엇일까요?

선수 자신들의 식단을 체계적으로 관리하는 이유는 올바른 식단으로 영양분을 충분히 섭취하여 체력을 유지하고 향상시킬 수 있을 뿐만 아니라, 경기나 훈련으로 손상된 근육을 빠르게 회복시켜 다음 훈련에 대비합니다. 영양을 고려한 식단은 부상 발생 확률을 낮추고 경기나 훈련 성과를 향상시키는 중요한 역할을 합니다. 선수들의 나이, 체중, 활동량, 목표에 따라 식단을 조절하고, 수분 섭취와 영양분 분포도 고려하여 균형 잡힌 식단을 코치나 영양사와 상담하여 함께 최적의 식단 계획을 세웁니다.

컴벤 선수 식단 관리표 작성하기

축구선수는 하루 총 칼로리를 약 3000~4000kcal를 섭취할 수 있다 합니다. 그럼 컴벤 선수의 하루 섭취하는 총 칼로리와 어떻게 칼로리를 계산하며 먹는지 식단 관리표를 작성해 봅니다.

❶ 바탕화면의 Excel 아이콘을 실행시킨 후, [열기]-[찾아보기] 클릭합니다. 이어서, [열기] 대화상자에서 [불러올 파일]-[CHAPTER 03]-'컴벤선수 식단표.xlsx' 파일을 선택하고 <열기> 단추를 클릭합니다.

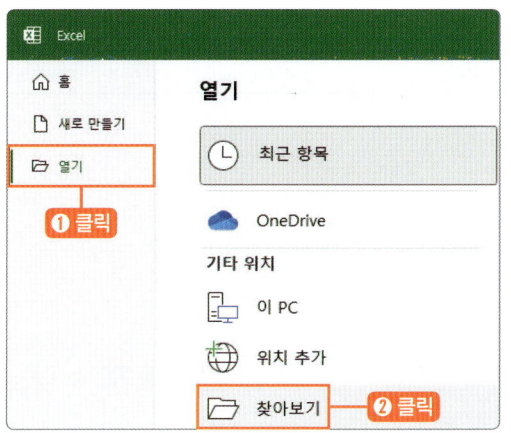
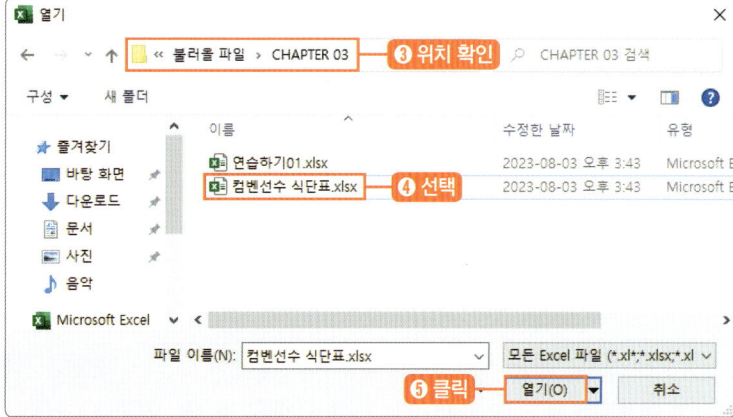

❷ [B2:G2] 셀을 병합하고 가운데 맞춤한 후, 글꼴 크기를 '16'으로 정하고 글꼴 스타일 '굵게'를 적용합니다.

❸ [F4:G4] 셀의 글꼴 크기를 '12'로 정하고, [홈] 탭-[글꼴] 그룹-[글꼴 색]-[표준 색]-'빨강'을 클릭합니다.

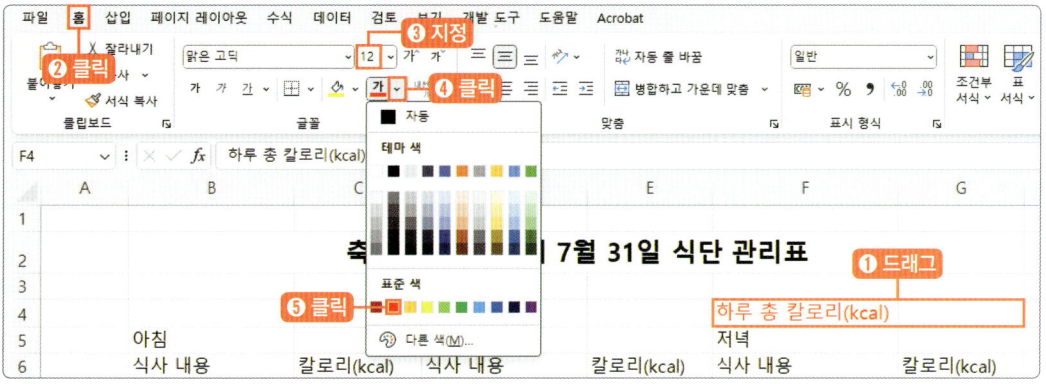

❹ 아래 그림을 참고하여 셀 테두리와 셀 정렬 등을 바꿔봅니다.

※ 병합하고 가운데 맞춤 : [B5:C5], [D5:E5], [F5:G5], [B12:C12], [D12:E12]
　가운데 맞춤 : [B6:G6], [B13:E13]
　오른쪽 맞춤 : [B10], [D10], [F10], [B16], [D16]

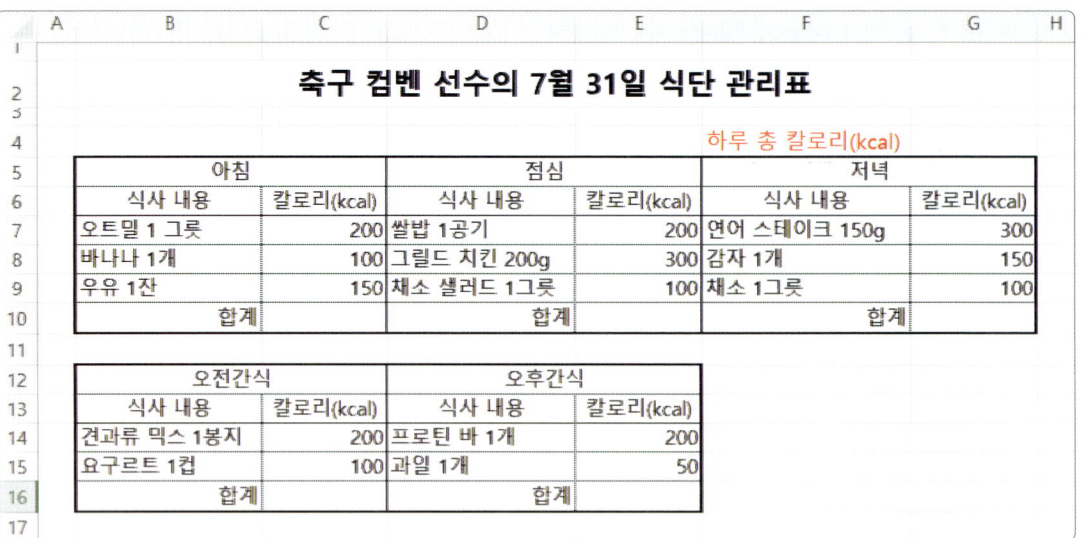

❺ [B5:G6] 셀을 선택하고 [홈] 탭-[글꼴] 그룹-[채우기 색 목록 단추(🎨▾)]-'파랑, 강조 5, 80% 더 밝게'를 클릭합니다. 이어서, [B12:E13] 셀은 '녹색, 강조 6, 80% 더 밝게'로 색 채우기를 합니다.

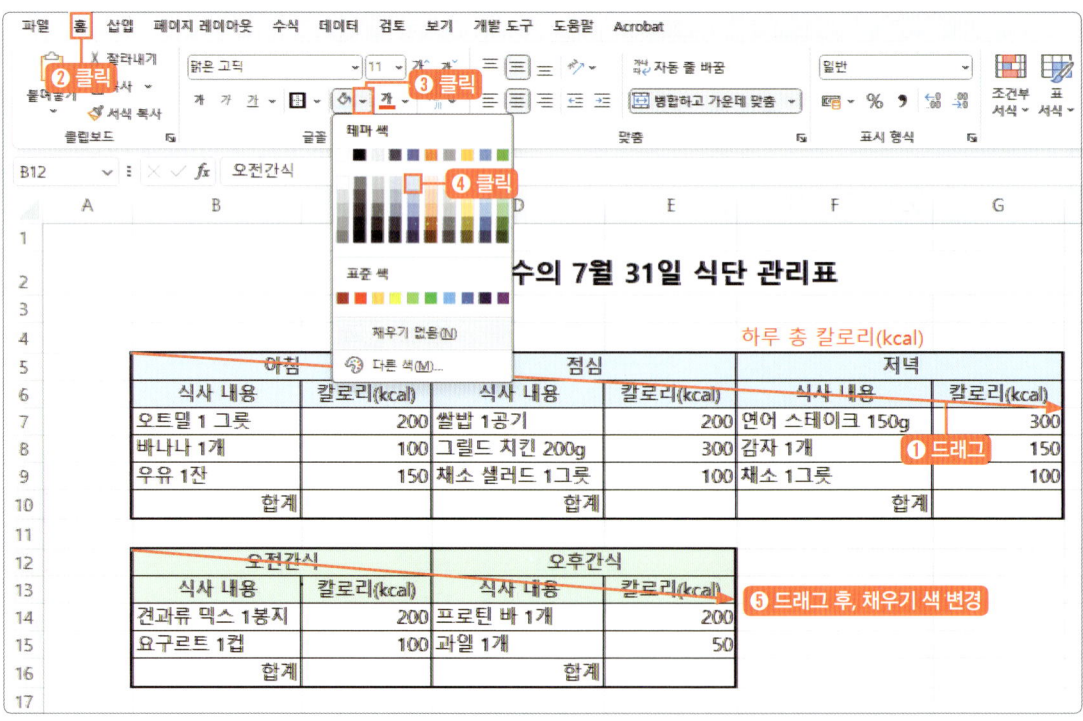

칼로리(kcal) 합계 구하기

식사별 합계와 하루 총 칼로리를 계산해 봅니다. 합계를 구하는 방법에는 두 가지가 있습니다. 한 가지는 사칙 연산처럼 더할 셀을 클릭하고 ➕ 키를 누르는 방법과 엑셀 수식인 SUM 함수를 사용하는 방법이 있습니다.

❶ [C10] 셀에 계산한 값을 넣기 위해서 '=C7+C8+C9'를 입력한 다음 Enter 키를 누릅니다.

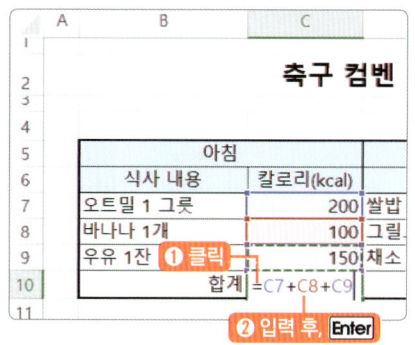

❷ 수식인 SUM 함수 사용하여 계산해 봅니다. [E10] 셀에 '=sum'을 입력하면 하위 목록이 나타납니다. 키보드 방향키를 이용하여 'SUM'을 선택한 다음 Tab 키를 누른 다음 더할 셀을 드래그해서 선택합니다. 영역 선택이 끝나면 괄호를 닫고 Enter 키를 눌러줍니다.

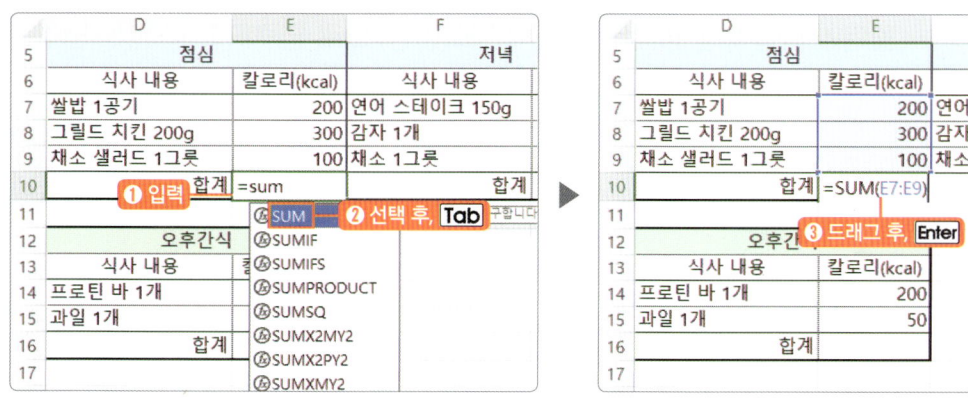

❸ 수식 SUM 함수를 사용하여 [G10], [C16], [E16] 셀을 계산해 봅니다.

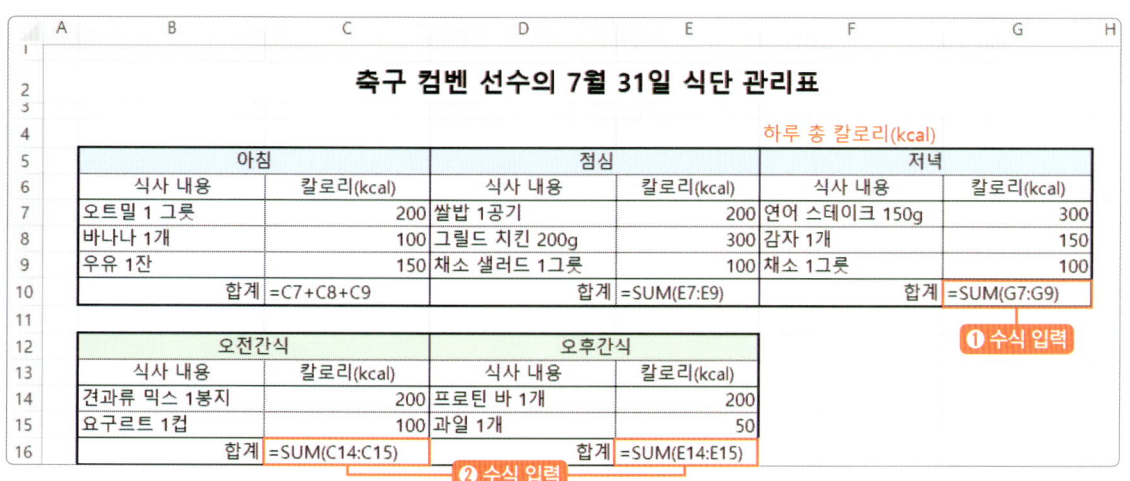

셀 수식 표시하는 방법

• 단축키 Ctrl + ' 키를 눌러주면 수식 표시 활성화가 됩니다.

❹ [G4] 셀의 하루 총 칼로리는 식사별 합계들을 사칙 연산으로 계산해 봅니다.

※ 수식 : `=C10+E10+G10+G16+E16`

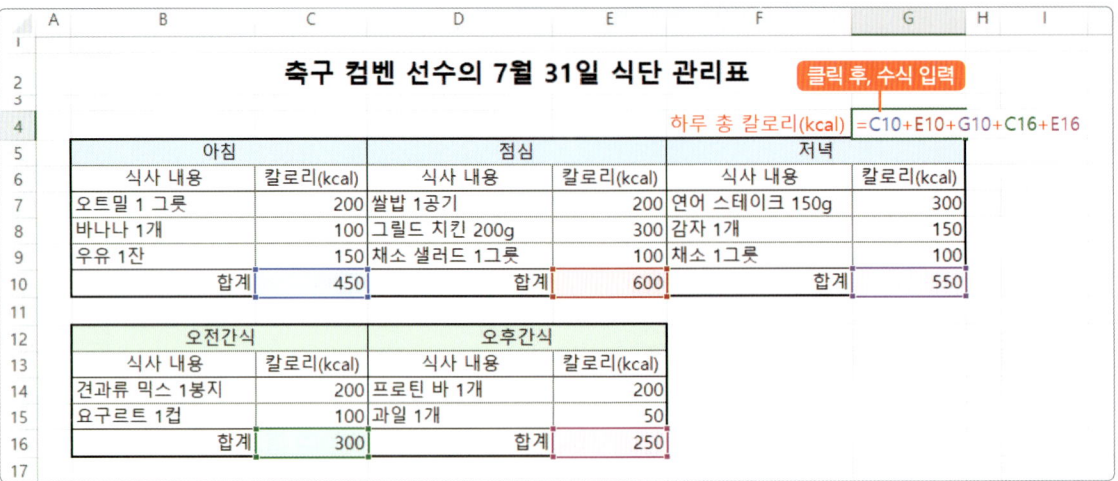

❺ 모든 작업이 끝나면 [파일] 탭-[다른 이름으로 저장]을 클릭합니다. 이어서, 대화상자가 나오면 본인의 폴더에 파일 이름을 '컴벤선수 식단표(완성)'으로 입력하고 <저장> 단추를 클릭합니다.

미션 수행하기

CHAPTER 03

■ 불러올 파일 : 미션수행 01.xlsx   ■ 완성된 파일 : 미션수행 01(완성).xlsx

① 배운 내용을 토대로 다음과 같이 완성하고 저장해 봅니다.

야구 선수 8월 17일 식단 관리표

하루 평균 총 칼로리 : 약2500~3500kcal   하루 총 칼로리(kcal)   2140

아침		점심		저녁	
식사 내용	칼로리(kcal)	식사 내용	칼로리(kcal)	식사 내용	칼로리(kcal)
토스트 2조각	200	현미밥 1공기	200	소고기 스테이크 200g	400
계란 2개	140	닭가슴살 200g	250	감자 1개	150
바나나 1개	100	채소 샐러드 1그릇	100	채소 1그릇	100
합계	440	합계	550	합계	650

오전간식		오후간식	
식사 내용	칼로리(kcal)	식사 내용	칼로리(kcal)
아몬드 1봉지	150	에너지 바 1개	200
요구르트 1컵	100	과일 1개	50
합계	250	합계	250

작업 순서

① [불러올 파일]-[CHAPTER 03] 폴더에서 '미션수행 01.xlsx' 파일을 불러옵니다.
② 위 그림을 참고하여 [표 서식]과 [셀 채우기]를 합니다.
③ [C10], [E10], [G10], [C16], [E16] 셀은 수식 SUM 함수를 이용하여 값을 구합니다.
④ [G4] 셀은 식사별 합계를 사칙 연산인 더하기(+)를 이용하여 하루 총 칼로리를 구합니다.
⑤ 모든 작업이 끝나면 '미션수행 01(완료)'로 저장합니다.

TIP

원하는 색 넣는 방법

- 엑셀에서 기본적으로 정해진 색 '테마 색', '표준 색' 이외의 색을 넣고 싶을 때 [다른 색]을 클릭하면 원하는 색을 고를 수 있습니다.

CHAPTER 04 여행 유튜버편 1 - 우리나라와 시차는 어떻게 다른가?

- 날짜와 시간 데이터에 대해 알아봅니다.
- 우리나라와 다른 나라와의 시차에 대해 알아봅니다.

■ 불러올 파일 : 항공편 시차 계산.xlsx   ■ 완성된 파일 : 항공편 시차 계산(완성).xlsx

{ 오늘 배울 기능 }

도형 삽입, 날짜 표시 형식

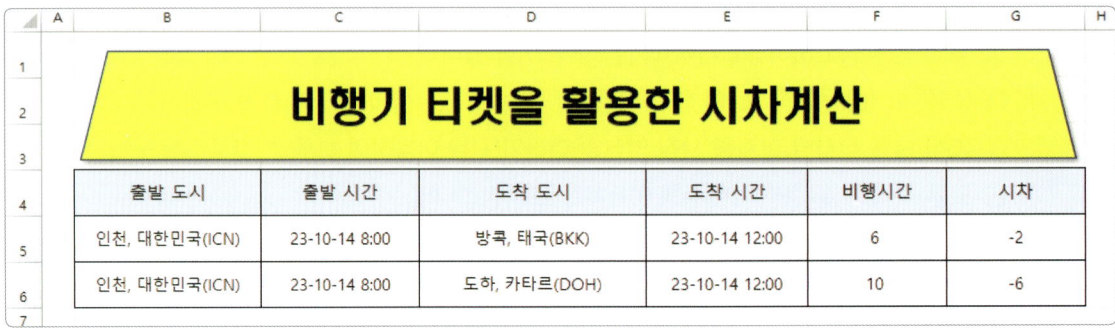

다른 나라들과 시차가 발생되는 이유는 무엇일까요?

시차는 서로 다른 지역 간의 시간 차이를 의미합니다. 지구가 돌아가며 자전하는 동안 태양이 지구의 다른 부분을 비추기 때문에 발생되기 때문입니다. 이런 시차로 인해 우리가 살고 있는 나라와 다른 나라와의 소통이 중요해집니다.

시차 계산표 작성하기

여행 유튜버 컴벤이가 두 가지 여행 항공권을 알아보면서 시차까지 계산하게 되었습니다.

❶ 바탕화면의 Excel 아이콘을 실행한 다음 [불러올 파일]-[CHAPTER 04]-'항공편 시차 계산.xlsx' 파일을 불러옵니다.

❷ 불러온 데이터에 표 테두리와 [B4:G4] 셀 색 채우기, 글꼴 맞춤을 아래 그림을 참고하여 바꿔줍니다.
   ※ [B4:G4] : 글꼴 크기(12), 가운데 맞춤, 채우기(파랑, 강조 1, 80% 더 밝게)
   　[B5:G6] : 가운데 맞춤

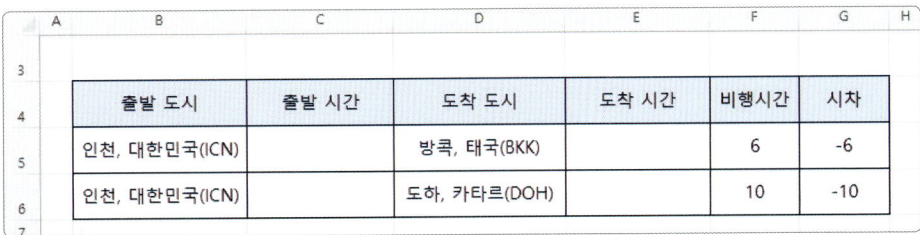

❸ 컴벤이가 알아본 내용을 '출발 시간'과 '도착 시간'을 아래와 같이 입력합니다.

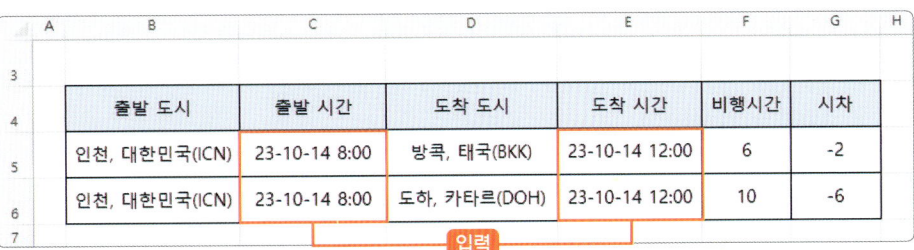

TIP
시차 계산법
- 시차 계산식은 '(도착 시간-출발 시간)*24-비행시간'입니다.
- 24는 시간으로 변환하기 위해 24를 곱합니다.
- 비행시간을 빼는 이유는 시간이 흘렀음을 감안하기 위해서입니다.

TIP
엑셀에서 날짜 데이터와 시간 데이터 다루기
- **날짜 데이터 다루기** : '년-월-일' 형식으로 표현되며 2023년 11월 12일은 '2023-11-12'로 표기됩니다.
- **시간 데이터 다루기** : '시:분:초' 형식으로 표현되며 오전 8시 25분 30초는 '08:25:30'로 표기됩니다.
- **날짜와 시간 데이터 함께 다루기** : 날짜와 시간을 합하여 '년-월-일 시:분:초' 형식으로 표현됩니다. 예를 들어, '2023년 10월 14일 오전 8시'은 '2023-10-14 8:00:00'으로 표기됩니다.(날짜와 시간 사이는 공백을 입력합니다.)

❹ [B1] 셀을 클릭한 후, [삽입] 탭-[일러스트레이션] 그룹-'도형'을 클릭하면 다양한 도형이 표시됩니다. [기본 도형] 그룹-'사다리꼴'을 선택합니다.

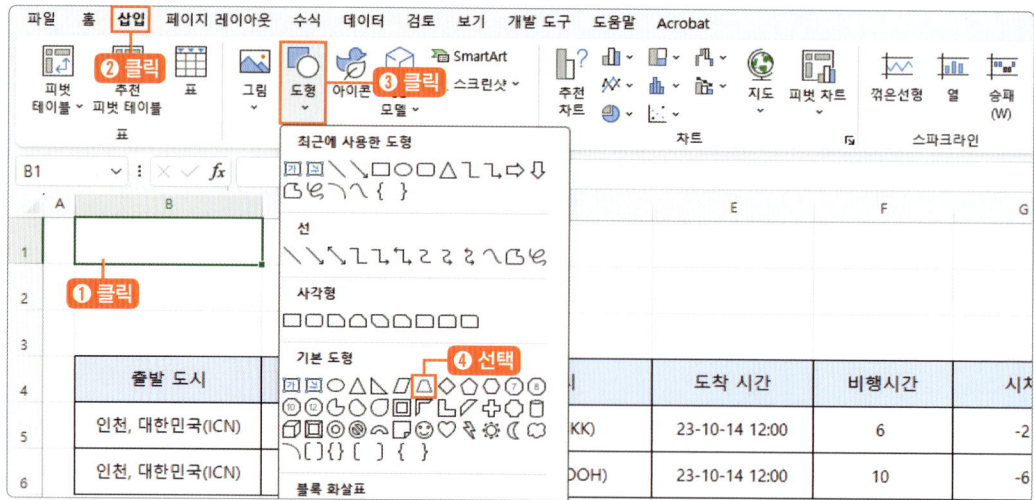

❺ 마우스 포인터가 ┼ 되면 마우스 드래그하여 원하는 크기로 만들어 줍니다.

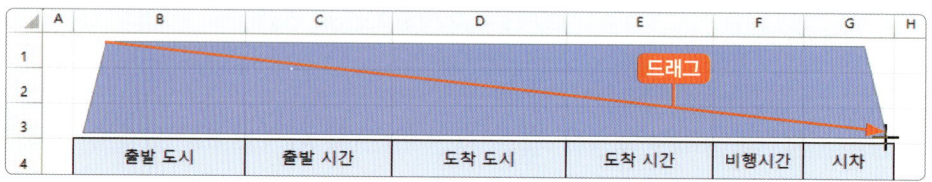

❻ 입력한 도형을 클릭한 후, [도형 서식] 탭-[도형 스타일] 그룹-[도형 채우기]-[표준색]-'노랑'을 선택하여 색을 변경합니다.

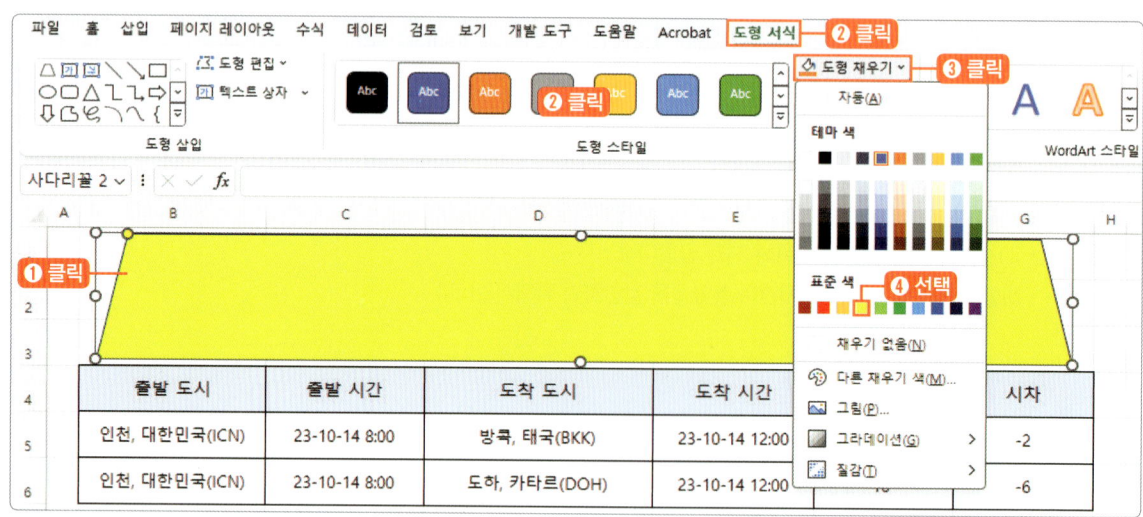

❼ 입력한 도형을 클릭한 후, 글꼴(HY헤드라인M), 글꼴 크기(28), 글꼴 색(검정, 텍스트1), 글꼴 정렬(가운데 맞춤)으로 설정 변경하고 '비행기 티켓을 활용한 시차 계산'을 입력합니다.

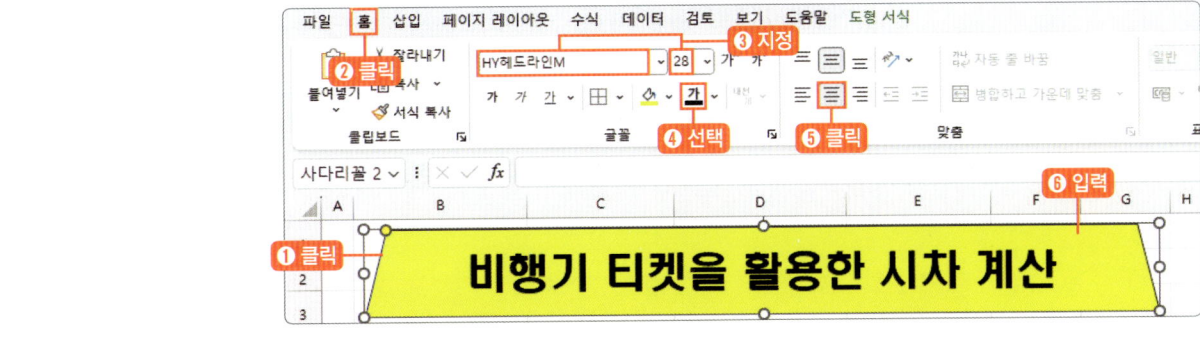

TIP 셀 크기에 맞춰 도형 삽입하는 방법
- Alt 키를 누르면서 마우스를 드래그하면 셀 크기에 맞춰 도형을 삽입할 수 있습니다.

❽ [도형 서식] 탭-[도형 스타일] 그룹-[도형 효과]-[그림자]-[바깥쪽]-'오프셋: 오른쪽 아래'를 선택합니다.

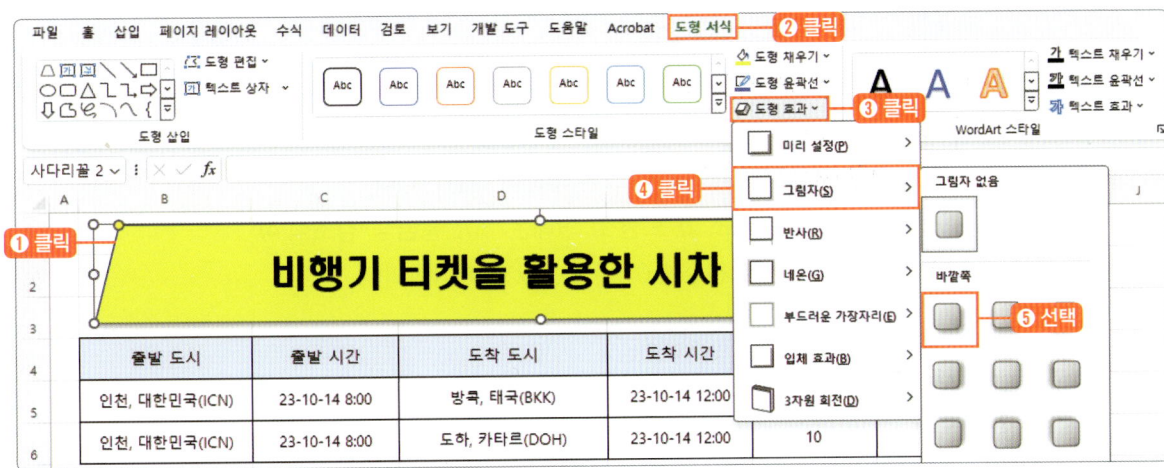

❾ 모든 작업이 끝나면 [파일] 탭-[다른 이름으로 저장]을 클릭합니다. 이어서, 대화상자가 나오면 본인의 폴더에 파일 이름을 '항공편 시차 계산(완성)'으로 입력하고 <저장> 단추를 클릭합니다.

CHAPTER 04

📁 불러올 파일 : 미션수행 01.xlsx   📁 완성된 파일 : 미션수행 01(완성).xlsx

1 배운 내용을 토대로 다음과 같이 완성하고 저장해 봅니다.

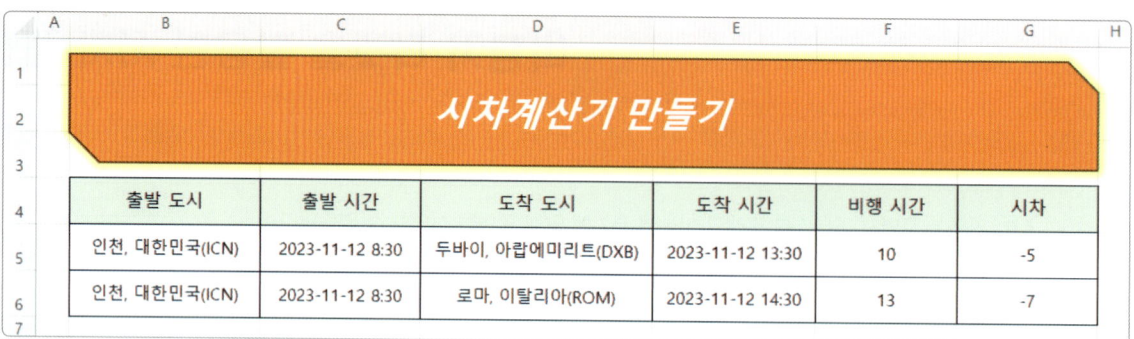

작업 순서

① [불러올 파일]-[CHAPTER 04] 폴더에서 '미션수행 01.xlsx' 파일을 불러옵니다.
② '출발 시간'과 '도착 시간'을 위 표를 보고 입력합니다.
③ 도형 삽입을 이용하여 제목을 위 그림과 같이 완성합니다.
  - 도형 채우기(주황, 강조 2), 도형 효과(네온: 8pt, 황금색, 강조색 4)
④ 모든 작업이 끝나면 '미션수행 01(완료).xlsx'로 저장합니다.

MEMO

CHAPTER 05 여행 유튜버편 2 - 가장 중요한 건 뭐니 머니 해도 머니(money)지!

학습목표
- 나라별 통화에 관심 있는 이유에 대해 알아봅니다.
- 환전에 대해서 알아봅니다.

📁 불러올 파일 : 태국 환전 계산.xlsx   📁 완성된 파일 : 태국 환전 계산(완성).xlsx

 **미리보기**

{ 오늘 배울 기능 }
표시 형식, 자동 채우기, 그림 삽입

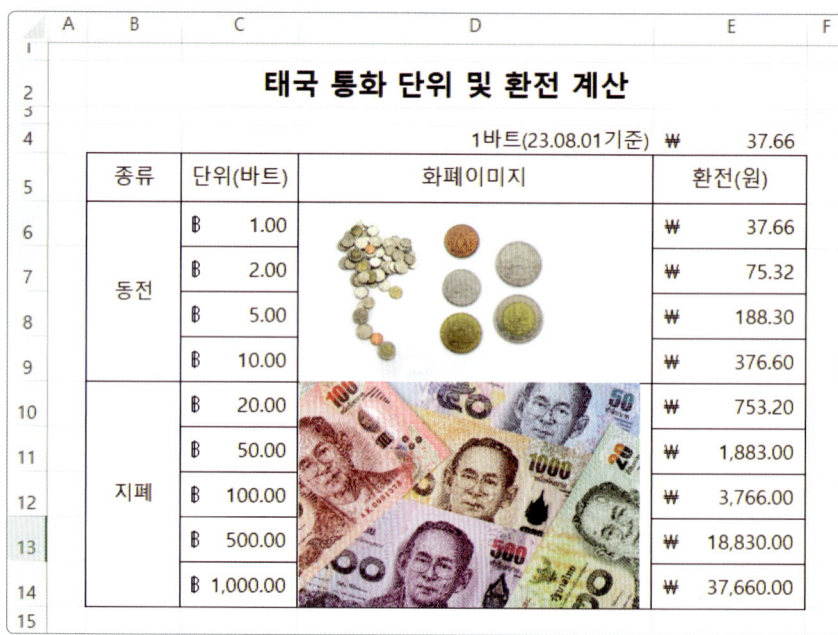

 **여행 유튜버가 나라별 통화에 관심 있는 이유는 무엇일까요?**

나라별 통화에 관심 있는 이유는 예산 계획, 비용 관리, 환전 수수료를 고려하여 여행을 보다 효율적으로 계획하기 위해서입니다. 나라별로 통화가 다르기 때문에 동일한 금액이라도 환전 후, 받는 금액이 다를 수 있어 예산을 잘 조절하기 위해 나라별 통화를 고려하고 계획합니다. 그리고 각 나라의 은행이나 환전소에서의 환전 수수료를 부과하며, 이에 따라 실제로 받는 금액이 달라질 수 있어 예산에 영향을 미치고, 나라별 통화를 명시하면 시청자들이 콘텐츠를 이해하고 여행 준비를 할 때 도움을 받을 수 있기 때문에 편의성을 고려합니다.

통화 단위 정리 및 그림 삽입

여행 유튜버 컴벤이는 태국 통화의 종류와 단위, 환전까지 계산하여 정리해 보았다 합니다. 다음과 같이 작성해 봅니다.

① 바탕화면의 Excel 아이콘을 실행한 다음 [불러올 파일]-[CHAPTER 05]-'태국 환전 계산.xlsx' 파일을 불러옵니다.

② [D6] 셀을 클릭한 후, [삽입] 탭-[일러스트레이션] 그룹-[그림]-'이 디바이스...'를 클릭한 다음 [그림 삽입] 대화상자가 나오면 [불러올 파일]-[CHAPTER 05]-'태국 주화.jpg'를 선택하고 <삽입> 단추를 클릭합니다.

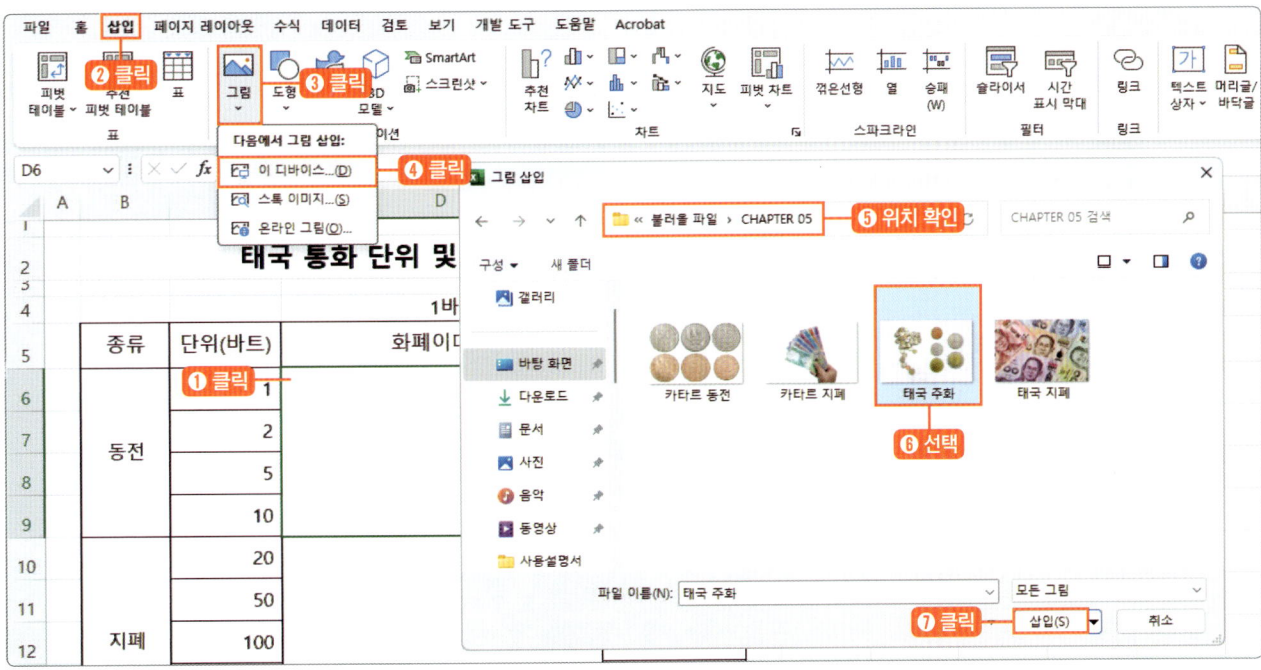

③ 삽입된 그림을 셀 크기에 맞춰 크기를 조절합니다. 크기 조절은 이미지 윤곽에 나타나는 조절점(흰 점 8개)을 이용하여 조절하면 됩니다.

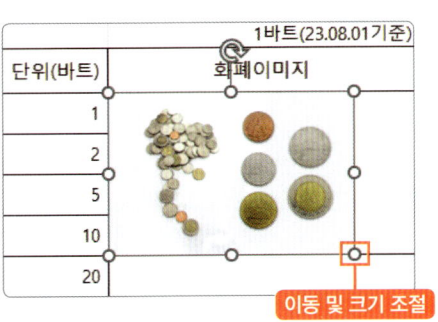

❹ 같은 방법으로 '태국 지폐' 그림도 삽입합니다.

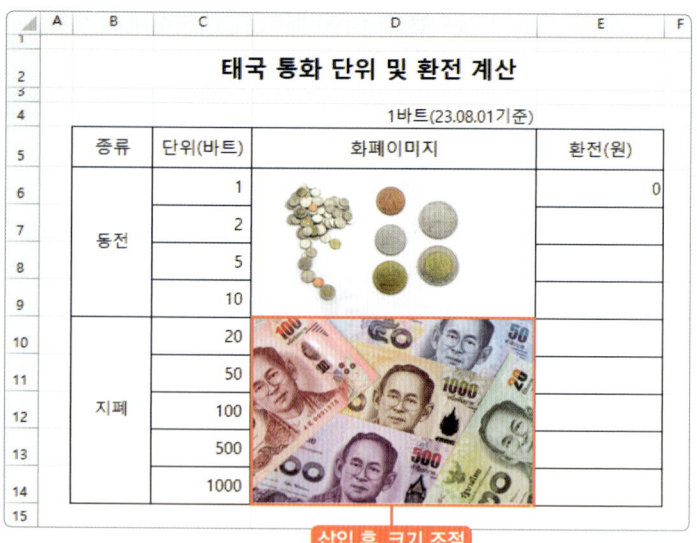

삽입 후, 크기 조절

> **TIP** 비율을 유지하면서 이미지 크기 조절하는 방법
> - **Ctrl** 키를 누른 상태에서 조절점을 드래그하면 이미지 중앙을 기준으로 크기가 조절됩니다.
> - **Shift** 키를 누른 상태에서 모서리 조절점을 이용해서 드래그하면 반대 대각선 기준으로 가로, 세로 비율을 유지하면서 크기 조절을 할 수 있습니다.

2 환전 계산하기

환전은 외국 통화를 국내 화폐인 원화로 교환하는 것을 말합니다.

❶ [E4] 셀에 1바트 단위를 원화로 바꾼 금액인 '37.66'을 입력합니다.

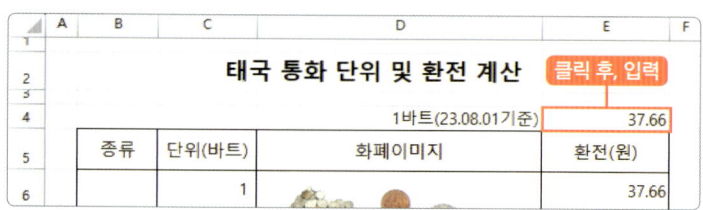

클릭 후, 입력

❷ [E6] 셀에 미리 입력해 둔 수식을 [E7:E14] 셀까지 채우기 핸들(+)을 [E14] 셀까지 마우스를 드래그합니다.

3 통화 기호 입력하기

통화 기호를 입력해 줌으로 단위를 쓰지 않아도 구분할 수 있게 해 줍니다.

❶ [C6:C14] 셀을 선택한 후, Ctrl + 1 키를 눌러 [셀 서식] 대화상자 나오면 [표시 형식] 탭-[범주]-[회계]-[기호]-'태국어'를 선택한 다음 <확인> 단추를 클릭합니다.

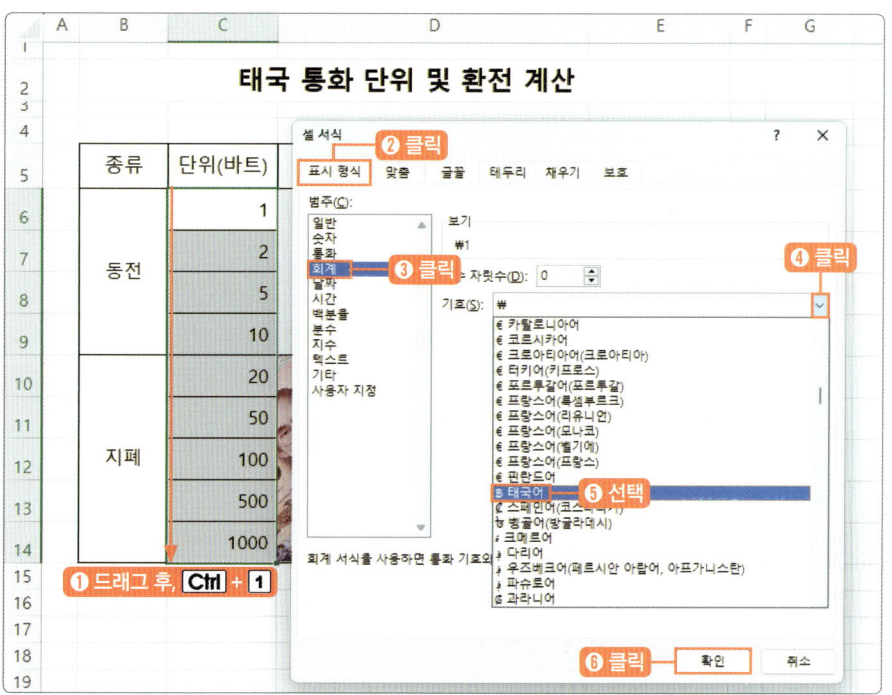

❷ 같은 방법으로 [E4] 셀, [E6:E14] 셀은 기호가 원화 표시(₩)로 되었는지 확인한 다음 <확인> 단추를 클릭합니다.

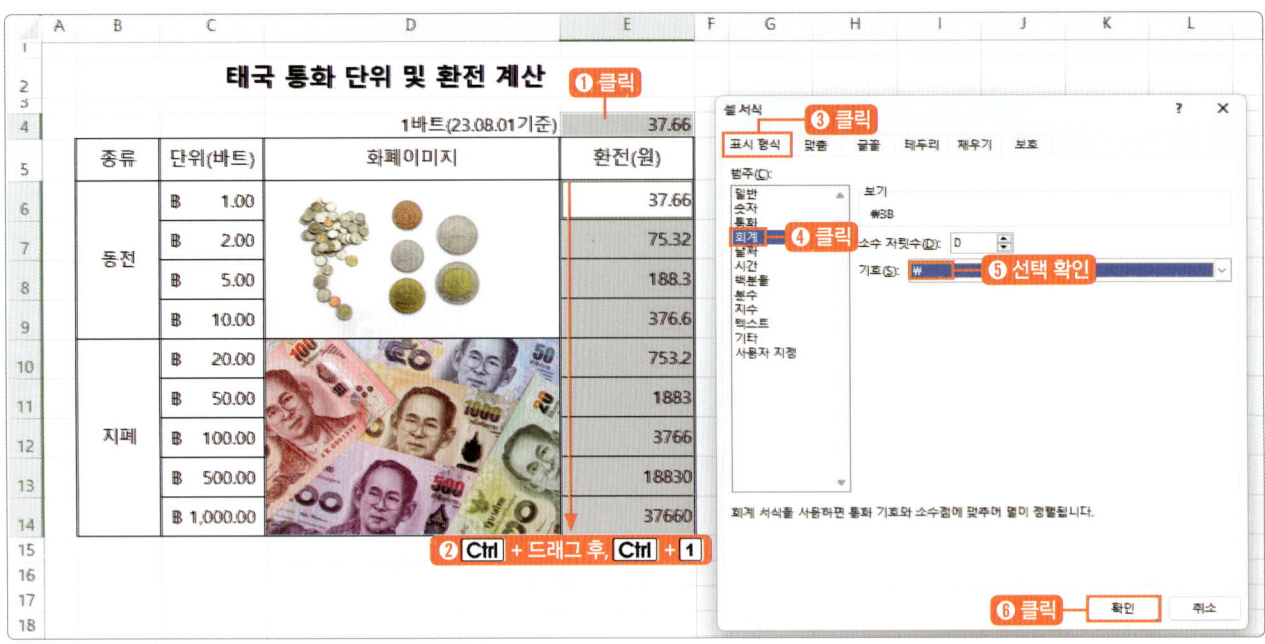

❸ 각 셀에 기호가 적용된 부분을 확인합니다.

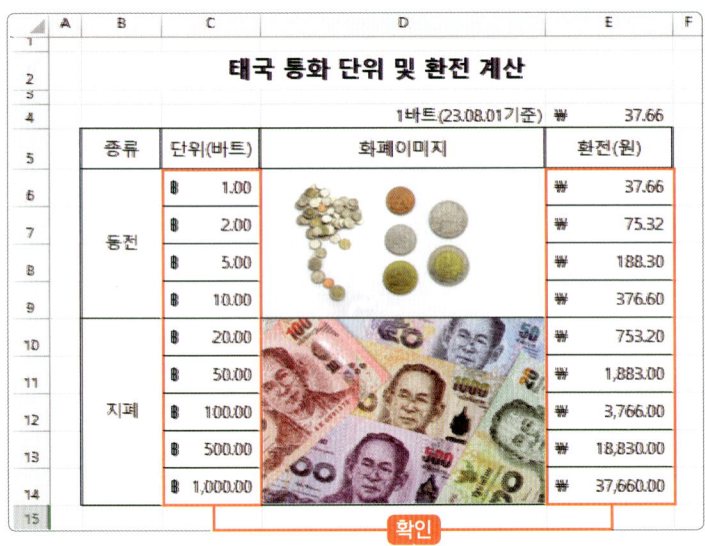

❹ 모든 작업이 끝나면 [파일] 탭-[다른 이름으로 저장]을 클릭합니다. 이어서, 대화상자가 나오면 본인의 폴더에 파일 이름을 '태국 환전 계산(완성)'으로 입력하고 <저장> 단추를 클릭합니다.

■ 불러올 파일 : 미션수행 01.xlsx   ■ 완성된 파일 : 미션수행 01(완성).xlsx

1 배운 내용을 토대로 다음과 같이 완성하고 저장해 봅니다.

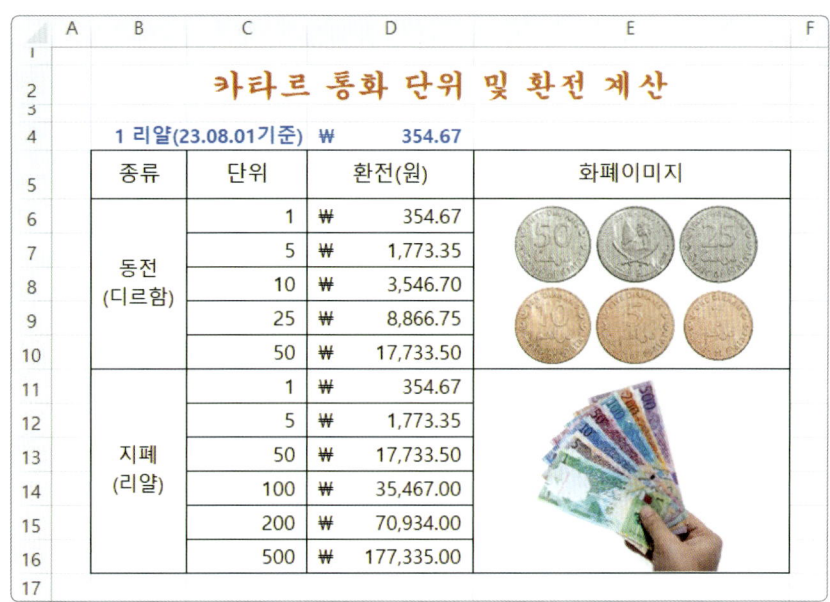

작업 순서

① [불러올 파일]-[CHAPTER 05] 폴더에서 '미션수행 01.xlsx' 파일을 불러옵니다.
② 1리얄은 원화로 '354.67원'입니다. [D4] 셀에 값을 입력합니다.
③ [D6] 셀을 이용해서 [D7:D10] 셀까지 '자동 채우기' 기능을 사용하여 채워 넣습니다.
④ [D4], [D7:D10] 셀에 '표시 형식' 기능을 이용해서 그림과 같이 만들어 줍니다.
⑤ 화폐 이미지를 불러와 위 그림과 같이 셀의 크기에 맞춰 삽입합니다.

CHAPTER 06 여행 유튜버편 3 - 여행지 기온과 강우량 체크하기

- 기후를 체크하는 이유는 무엇인지 알아봅니다.
- 여행할 나라의 1년 기온과 강우량에 대해 알아봅니다.

■ 불러올 파일 : 태국 1년 기후.xlsx   ■ 완성된 파일 : 태국 1년 기후(완성).xlsx

완성작품 미리보기

오늘 배울 기능

워드 아트, 한자 변환

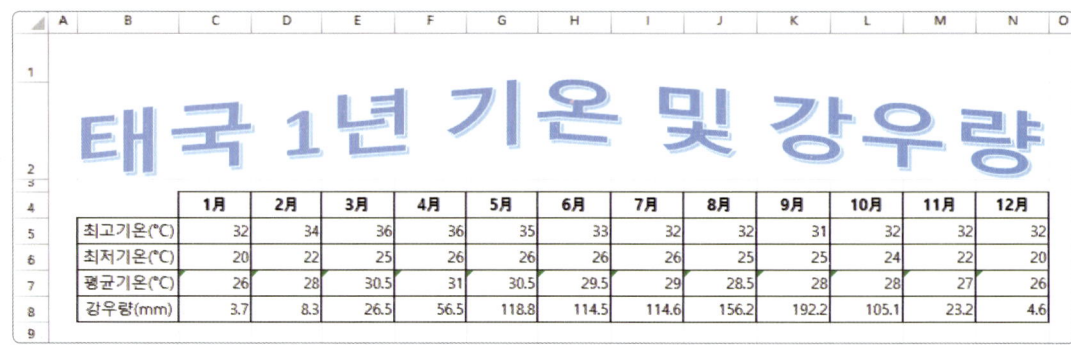

여행할 나라의 1년 기온과 강우량에 대해 알아보는 이유는 무엇일까요?

1년 기온과 강우량을 확인함으로써 여행을 계획할 때 가장 적절한 시기를 선택할 수 있습니다. 기후 조건이 쾌적한 시기에 여행을 함으로써 다양한 활동을 체험하고 경험을 제공할 수 있기 때문입니다. 또한, 기후 조건은 각 시즌에 따라 다르기 때문에 시즌에 적합한 콘텐츠를 다양한 주제로 구성하고 시즌의 매력을 소개해 줄 수 있기도 합니다.

워드 아트 이용하여 제목 꾸미기

여행 유튜버 컴벤이는 태국 통화의 종류와 단위, 환전 계산에 이어 이번에는 기후에 대해 정리해 보았다 합니다. 다음과 같이 따라 작성해 봅니다.

❶ 바탕화면의 Excel 아이콘을 실행한 다음 [불러올 파일]-[CHAPTER 06]-'태국 1년 기후.xlsx' 파일을 불러옵니다.

❷ [B1] 셀을 클릭한 다음 [삽입] 탭-[텍스트] 그룹-'WordArt'을 클릭합니다. 이어서, 엑셀에서 기본적으로 제공하는 워드 아트 디자인이 나오며 '채우기: 파랑, 강조색 5, 윤곽선: 흰색, 배경색 1, 진한 그림자: 파랑, 강조색 5'를 선택합니다.

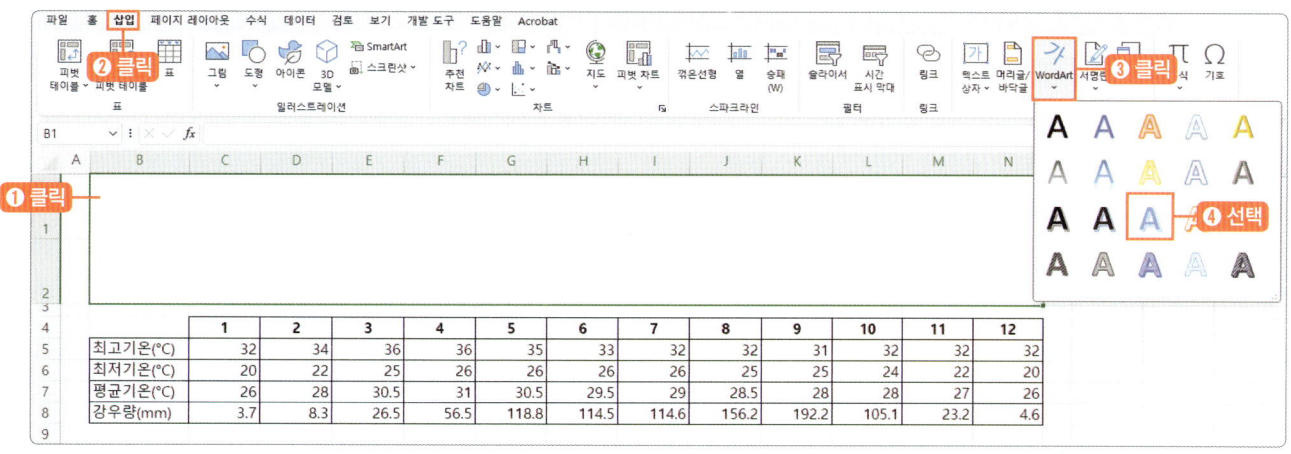

❸ '필요한 내용을 적으십시오.' 글자를 드래그해서 선택한 후, '태국 1년 기온 및 강우량'을 입력합니다. 이어서, 글꼴 크기를 '40'으로 정하고 [B1] 셀의 중간에 배치시켜 줍니다.

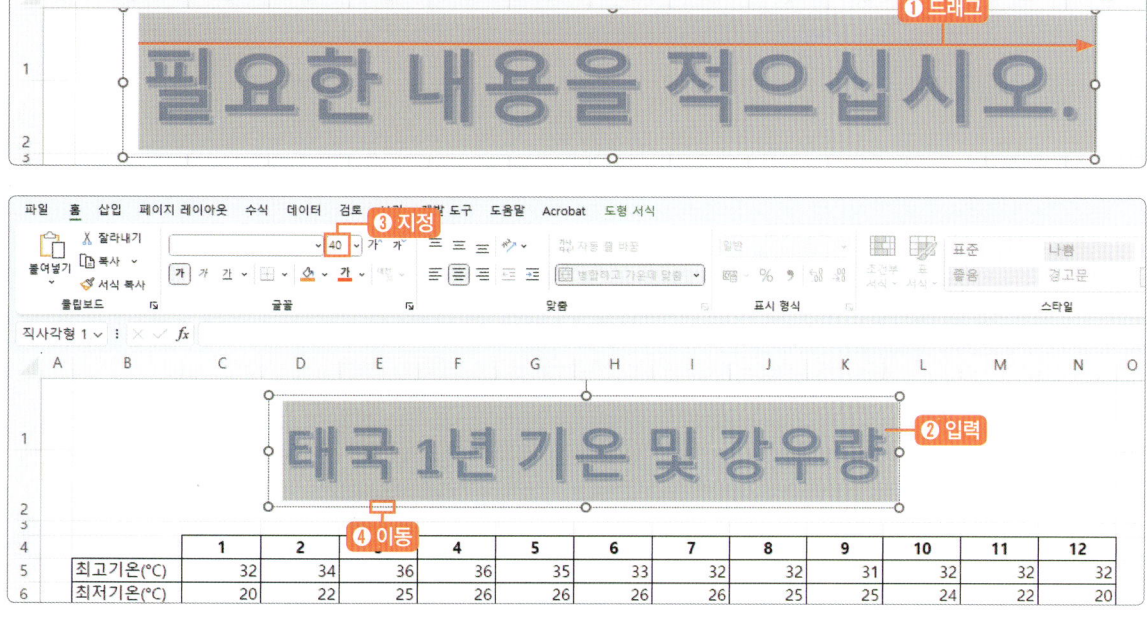

2 워드 아트 수정하기

① 입력한 워드 아트를 클릭한 다음 [도형 서식] 탭을 클릭합니다.

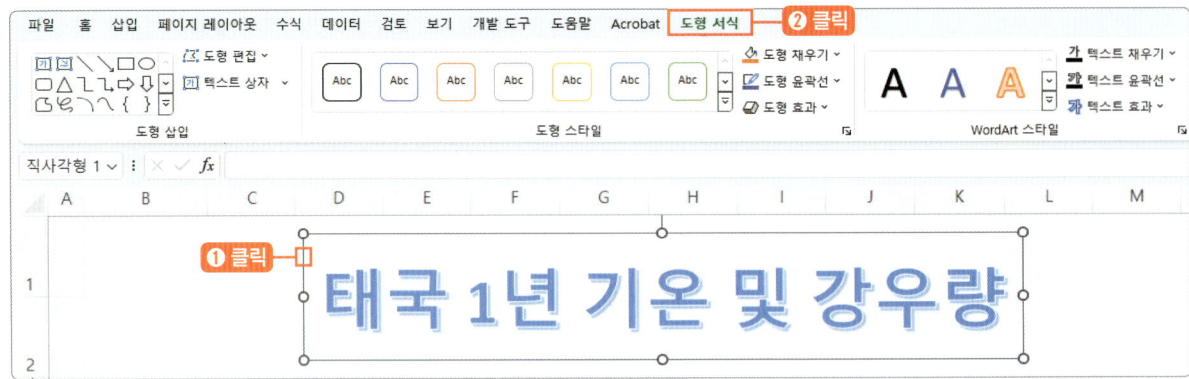

② [도형 서식] 탭-[WordArt 스타일] 그룹-[텍스트 효과]-[변환]-[휘기]-'갈매기형 수장: 위로'를 찾아 선택합니다.

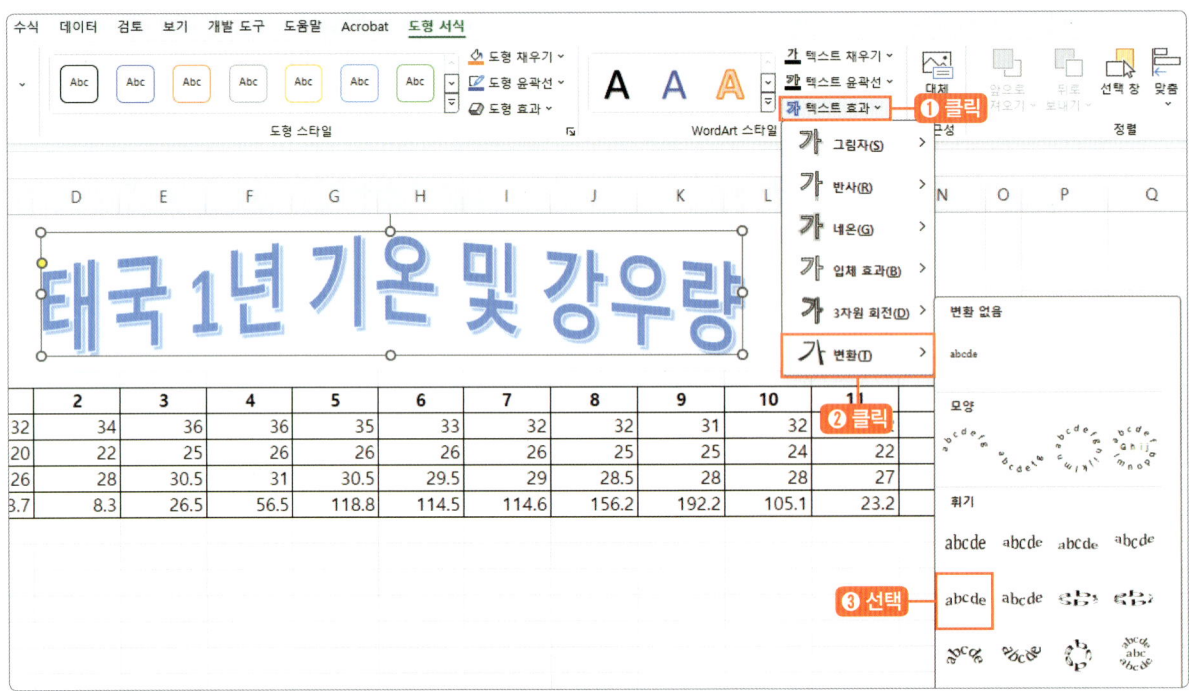

③ 입력한 워드 아트를 클릭해서 흰색 조절점에 마우스 포인터를 가지고 가면 마우스 포인터( )가 바뀝니다. 이때, 마우스를 드래그해서 원하는 크기로 조절합니다.
  ※ 워드 아트 크기에 맞게 글꼴 크기도 자동으로 바뀌는 것을 확인할 수 있습니다.

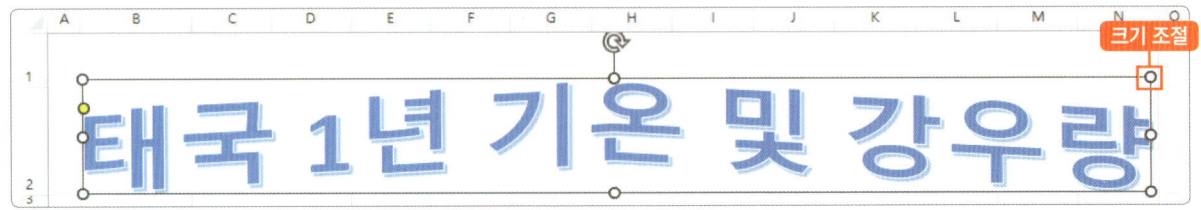

④ 노란색 조절점에 마우스 포인터를 가지고 가면 마우스 포인터( )가 바뀝니다. 이때, 마우스를 드래그 하면 휘기 정도를 조절할 수 있습니다.

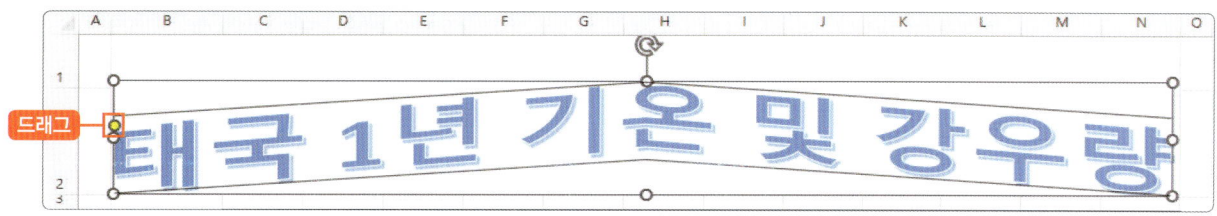

3 한자 변환하기

월 구분을 위하여 [C4:N4] 셀 숫자 뒤에 '월'을 추가하여 한자로 표기하려고 합니다.

❶ [C4:N4] 셀을 선택하고 [홈] 탭-[표시 형식] 그룹에서 메뉴 단추를 누르면 [셀 서식] 대화상자가 나타납니다.

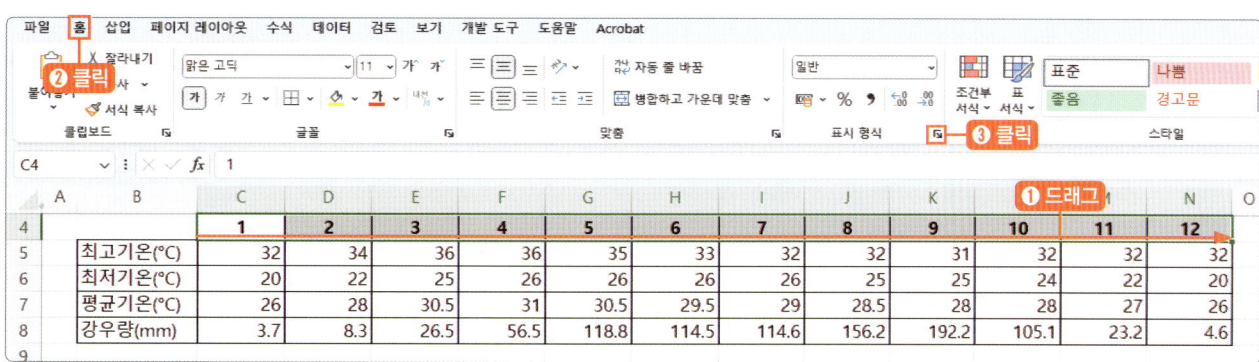

❷ [셀 서식] 대화상자에서 [표시 형식] 탭-[범주] 그룹-'사용자 지정' 클릭합니다. [형식(T):] 그룹에서 'G/표준' 글자 뒤에 '"월"'을 입력하고 한자 키를 눌러 하위 목록에서 '달 월' 한자를 선택합니다.

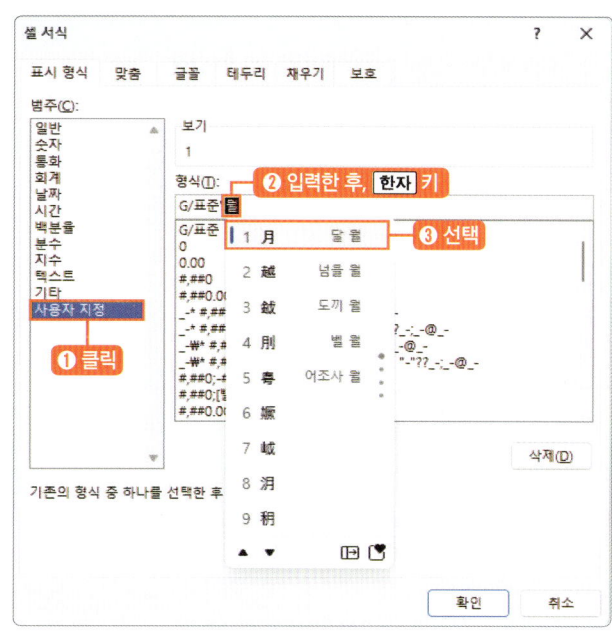

❸ 月(달 월)로 변경하였으면 "(큰 따옴표)를 붙여주고 <확인> 단추를 클릭합니다.

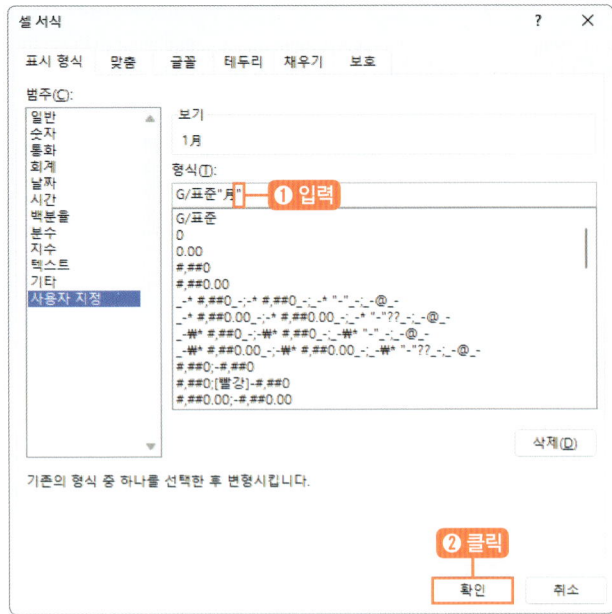

❹ [C4:N4] 셀에 한자가 추가되었는지 확인합니다.

❹ 모든 작업이 끝나면 [파일] 탭-[다른 이름으로 저장]을 클릭합니다. 이어서, 대화상자가 나오면 본인의 폴더에 파일 이름을 '태국 1년 기후(완성)'으로 입력하고 <저장> 단추를 클릭합니다.

미션 수행하기

CHAPTER 06

■ 불러올 파일 : 미션수행 01.xlsx   ■ 완성된 파일 : 미션수행 01(완성).xlsx

 배운 내용을 토대로 다음과 같이 완성하고 저장해 봅니다.

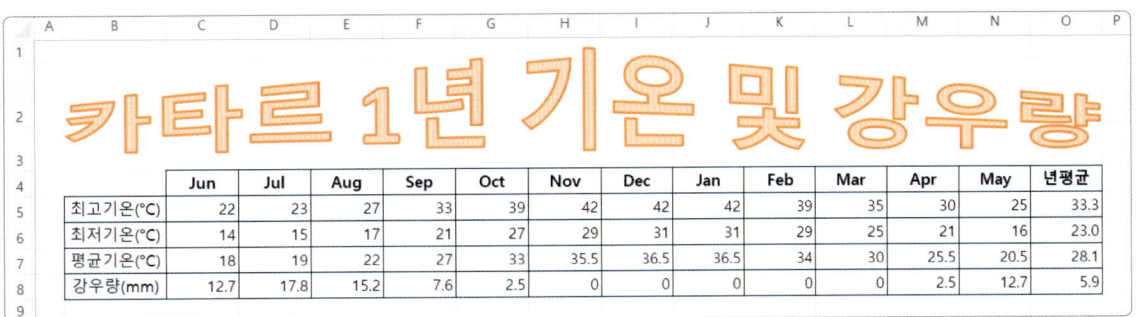

작업 순서

① [불러올 파일]-[CHAPTER 06] 폴더에서 '미션수행 01.xlsx' 파일을 불러옵니다.
② 워드 아트 기능을 이용하여 제목을 입력합니다.
③ [도형 서식]-[WordArt]-[텍스트 효과]-[변환]-'팽창: 위쪽'을 찾아 변경합니다.
④ 위 그림을 참고하여 크기를 조절합니다.
⑤ 모든 작업이 끝나면 '미션수행 01(완료).xlsx'로 저장합니다.

> **TIP**
>
> **사용자 지정 표시 형식에 대해 알아봅니다.**
>
> | 구분 | 형식 지정 | 데이터 입력 | 반영 결과 | 설명 |
> |---|---|---|---|---|
> | # | #.# | 2.0 | 2 | 숫자를 표시하는 기호
유효하지 않은 숫자 0은 표시 안 함 |
> | 0 | #.0 | 2.0 | 2.0 | 숫자를 표시하는 기호
유효하지 않은 숫자 0은 표시 함 |
> | " "
(큰따옴표) | #,###"원" | 100000 | 100,000원 | 큰 따옴표(" ") 안쪽의 텍스트를 표시 |
> | G/표준 | G/표준"℃" | 36.5 | 36.5℃ | 특별한 서식 없이 입력상태 그대로 숫자를 표시 |

교사편 1 - 1학기 출석 확인을 해 볼까?

- 출석부를 작성하는 이유에 대해 알아봅니다.
- 출석부 양식 작성에 대해 알아봅니다.

■ 불러올 파일 : 출석부 양식.xlsx   ■ 완성된 파일 : 출석부 양식(완성).xlsx

{ 오늘 배울 기능 }
시트 복사, 그림으로 복사 기능

 출석을 기록하는 이유는 무엇일까요?

출석 여부를 단순하게 파악하는 것이 아니라 출결 상황에 따라 학생의 교육 과정의 소홀함을 없애기 위해 파악하여 보충 학습을 지원할 수 있으며, 학생들의 안전을 위해 체계적으로 관리할 수 있기 때문에 중요한 업무 중 하나입니다. 출석 관리를 통해 학생들의 학습과 안전을 보장하며 학교 생활을 원활하게 할 수 있도록 해 줍니다.

① 결재란 만들기

① 바탕화면의 Excel 아이콘을 실행한 다음 [불러올 파일]-[CHAPTER 07]-'출석부 양식.xlsx' 파일을 불러옵니다.

② '2025년 3월 출석부' 제목 옆에 결재란을 만들어 봅니다. 출석부 양식과 관련 없는 영역인 [AN23:AQ24] 셀에 결재란을 다음과 같이 완성해 봅니다.

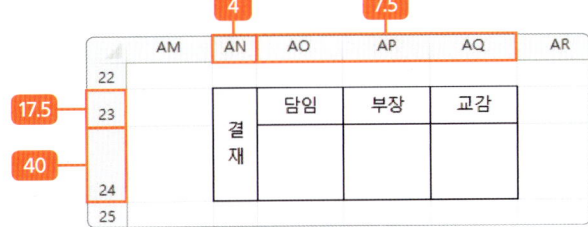

> **TIP**
> **한 셀에 두 줄 입력하는 방법**
> • **Alt** + **Enter** 키를 누르면 줄 바꿈 할 수 있습니다.

③ 완성한 결재란 [AN23:AQ24] 셀을 드래그해서 선택한 후, [홈] 탭-[클립보드] 그룹-[복사 목록 단추]-'그림으로 복사'를 클릭합니다.

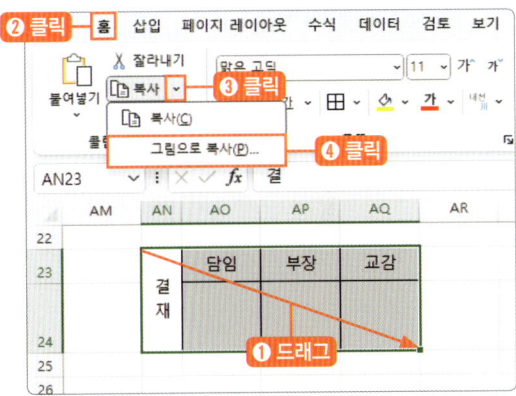

④ [그림 복사] 대화상자에서 [모양]은 '화면에 표시된 대로', [형식]은 '그림'을 클릭한 다음 <확인> 단추를 클릭합니다.

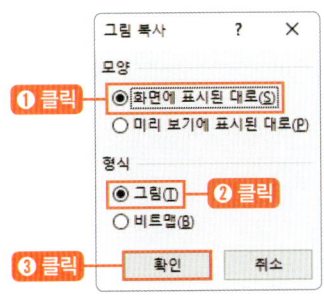

❺ [AB1] 셀을 클릭한 후, [홈] 탭-[클립보드] 그룹-'붙여넣기'를 클릭합니다.

※ 붙여넣기 단축키 : Ctrl + V

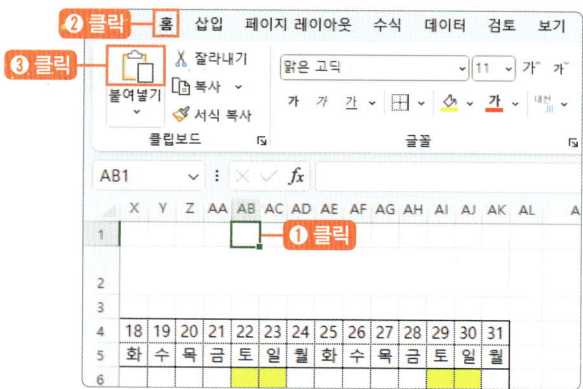

❻ 그림으로 삽입된 결재란을 아래 그림을 참고해서 크기와 위치를 맞추어 줍니다.

❼ 원본 결재란은 필요하지 않기 때문에 삭제합니다. [AN:AQ] 열을 드래그한 후, 마우스 오른쪽 단추를 눌러 [삭제]를 클릭합니다.

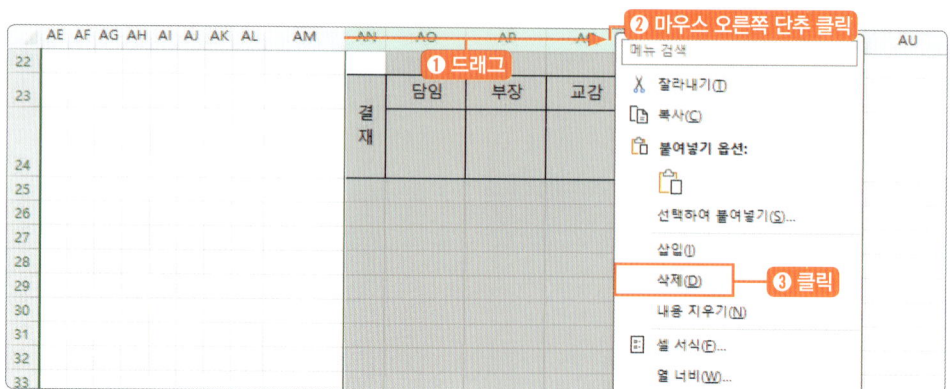

2 시트 이름 변경 및 시트 복사하기

① 시트의 구분을 위하여 'Sheet1'를 더블클릭하여 이름을 '3월'로 입력한 후, Enter 키를 누릅니다. 시트명이 변경된 것을 확인할 수 있습니다.

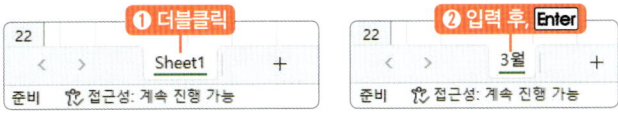

② '3월' 시트에서 마우스 오른쪽 단추를 눌러 [이동/복사]를 클릭합니다.

③ [이동/복사] 대화상자에서 '(끝으로 이동)'을 클릭하고 '복사본 만들기'를 체크한 다음 <확인> 단추를 클릭합니다.

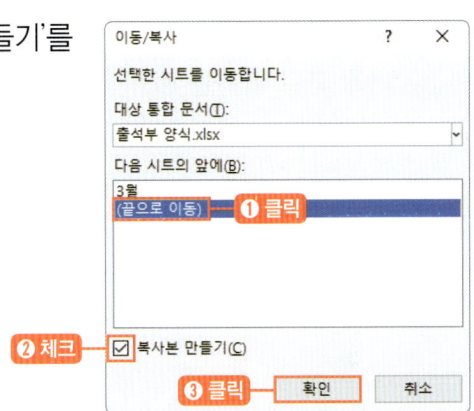

④ '3월(2)' 시트가 만들어졌으며 시트 이름을 더블클릭한 다음 시트명을 '4월'로 변경합니다.

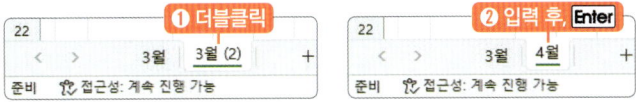

⑤ 같은 방법으로 '5월', '6월', '7월' 시트를 만듭니다.

TIP

시트 이동하는 방법
- 이동할 시트를 선택한 후, 마우스를 드래그하면 역삼각형 모양의 아이콘( )이 생깁니다. 이때 원하는 위치에 마우스를 가지고 가면 됩니다.

❻ 각 시트의 월과 요일을 변경합니다. 그리고 주말에 해당하는 영역은 '노랑'으로 채우기를 합니다.

❼ 모든 작업이 끝나면 [파일] 탭-[다른 이름으로 저장]을 클릭합니다. 이어서, 대화상자가 나오면 본인의 폴더에 파일 이름을 '출석부 양식(완성)'으로 입력하고 <저장> 단추를 클릭합니다.

CHAPTER **07**

■ 불러올 파일 : 미션수행 01.xlsx   ■ 완성된 파일 : 미션수행 01(완성).xlsx

1 배운 내용을 토대로 다음과 같이 완성하고 저장해 봅니다.

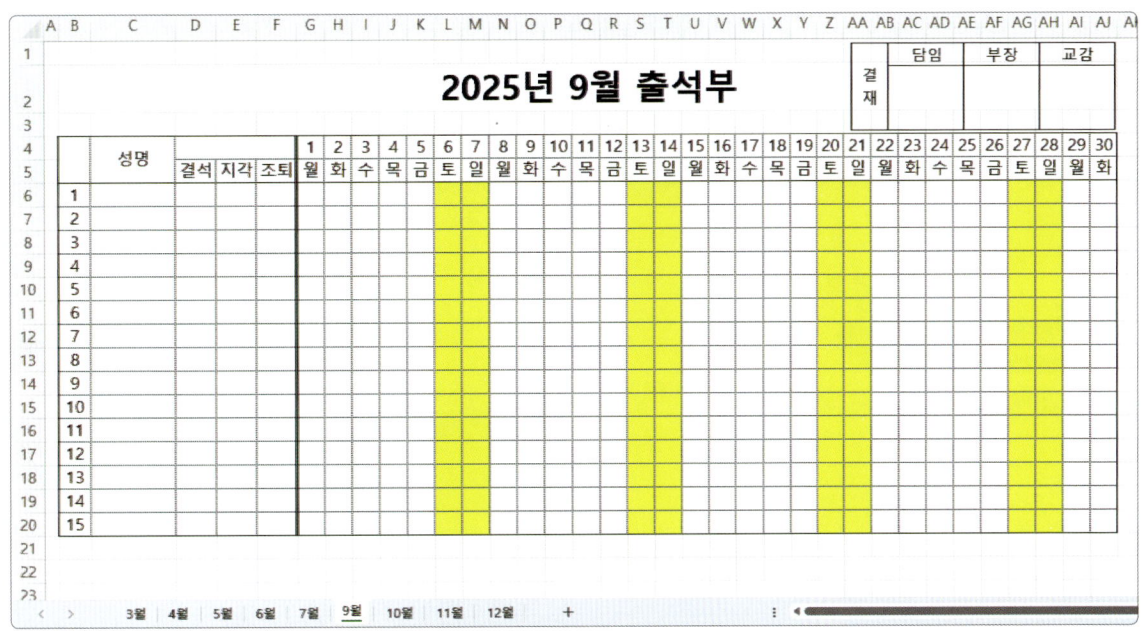

> 작업 순서

① [불러올 파일]-[CHAPTER 07] 폴더에서 '미션수행 01.xlsx' 파일을 불러옵니다.

② '7월' 시트를 복사하고 '9월'로 시트명을 바꿔줍니다.

③ '9월'에 맞춰 요일을 수정합니다.

④ '9월' 시트가 완성이 되었다면 나머지 10월부터 12월 시트도 동일하게 만들어 봅니다.

⑤ 모든 작업이 끝나면 '미션수행 01(완료).xlsx'로 저장합니다.

손쉬운 시트 복사하는 방법

• `Ctrl` 키를 누른 상태에서 시트를 클릭하여 오른쪽으로 드래그하면 손쉽게 시트를 복사할 수 있습니다.

CHAPTER 08 교사편 2 - 성적 결과를 정리 해 볼까?

학습목표
- 성적 결과 정리하는 이유에 대해 알아봅니다.
- 성적 결과 정리표 작성과 평균 구하기에 대해 알아봅니다.

📁 불러올 파일 : 성적표.xlsx   📁 완성된 파일 : 성적표(완성).xlsx

완성작품 미리보기

오늘 배울 기능
함수(AVERAGE)

성적 결과를 정리하는 이유는 무엇일까요?

학생들의 성적을 정리하고 평균을 구함으로써 각 과목별 학습 상황을 파악할 수 있고 전반적인 학업 수준을 파악하여 학습 방향을 설정할 수 있기 때문입니다. 성적 결과를 토대로 학생들에게 필요한 지도나 개선 방향을 제시할 수도 있습니다.

AVERAGE 함수를 사용하여 평균 점수 구하기

컴벤져스 초등학교 컴벤 선생님께서 5학년 1반의 1학기 점수를 다음과 같이 정리하고 평균 점수를 구하려고 합니다. 다음과 같이 평균 점수를 구해봅니다.

❶ 바탕화면의 Excel 아이콘을 실행한 다음 [불러올 파일]-[CHAPTER 08]-'성적표.xlsx' 파일을 불러옵니다.

❷ 평균은 자료의 값을 모두 더해 자료의 수로 나눈 값으로 '(평균) = (자료의 값을 모두 더한 수) ÷ (자료의 수)' 의 평균 식을 가집니다. [D10] 셀을 클릭하고 평균 식을 이용하여 다음과 같이 평균을 구해봅니다.

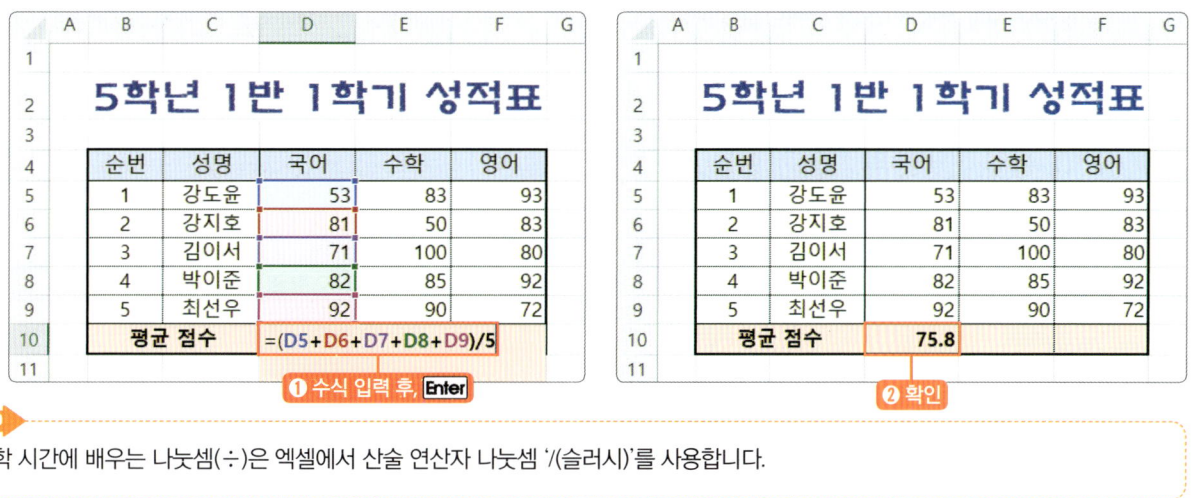

> **TIP**
> • 수학 시간에 배우는 나눗셈(÷)은 엑셀에서 산술 연산자 나눗셈 '/(슬러시)'를 사용합니다.

❸ 수식 AVERAGE 함수를 사용하여 계산해 봅니다. [D10] 셀에 '=AV'까지만 입력하면 하위 목록이 나타납니다. 키보드 방향키를 이용하여 'AVERAGE'를 선택한 후, Tab 키를 누릅니다.

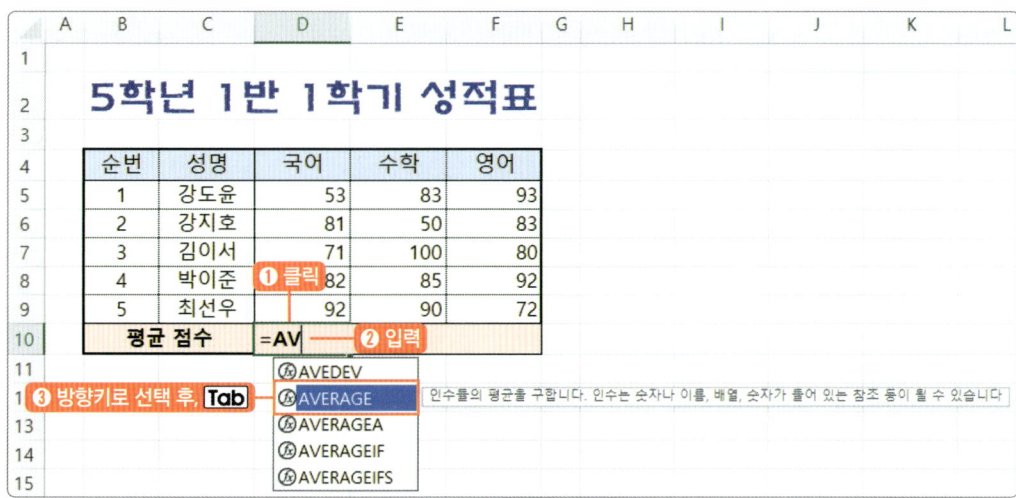

④ 평균을 구할 셀을 마우스로 드래그해서 범위를 지정하고 **Enter** 키를 눌러줍니다.

- 평균을 구할 셀을 하나씩 선택해도 됩니다.

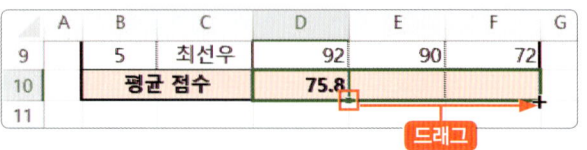

⑤ [D10] 셀을 선택한 후 채우기 핸들( )을 [F10] 셀까지 마우스를 드래그해서 채우기를 합니다.

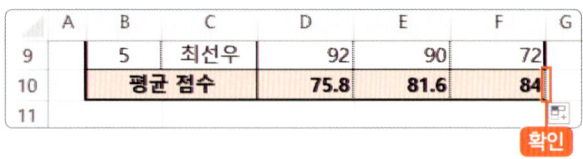

⑥ [D10] 셀을 이용하여 자동 채우기 하면서 [D10] 셀에 적용된 셀 서식도 같이 따라오기 때문에 셀 테두리가 변경된 것을 발견할 수 있습니다.

⑦ [F10] 셀 클릭하고 [홈] 탭-[글꼴] 그룹-[테두리( )]-'다른 테두리'를 선택합니다.

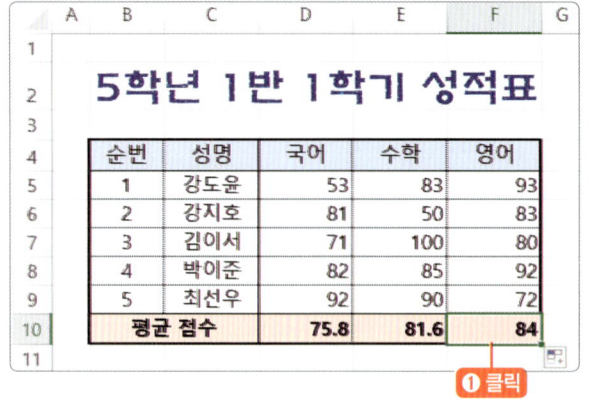
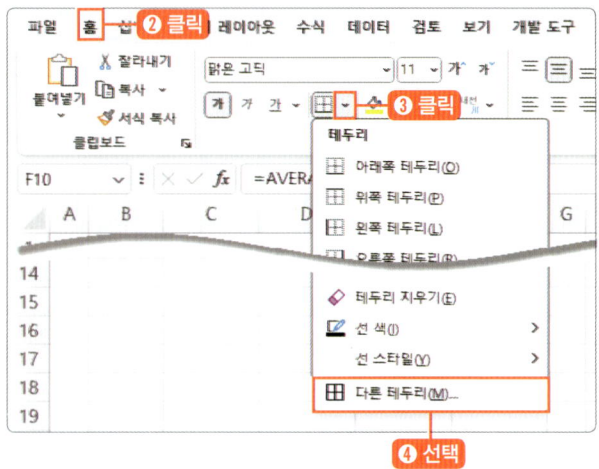

❽ [셀 서식] 대화상자가 나오면 [테두리] 탭에서 [스타일]은 '굵은 테두리'를 선택, [테두리]는 '오른쪽'을 선택한 다음 <확인> 단추를 클릭합니다.

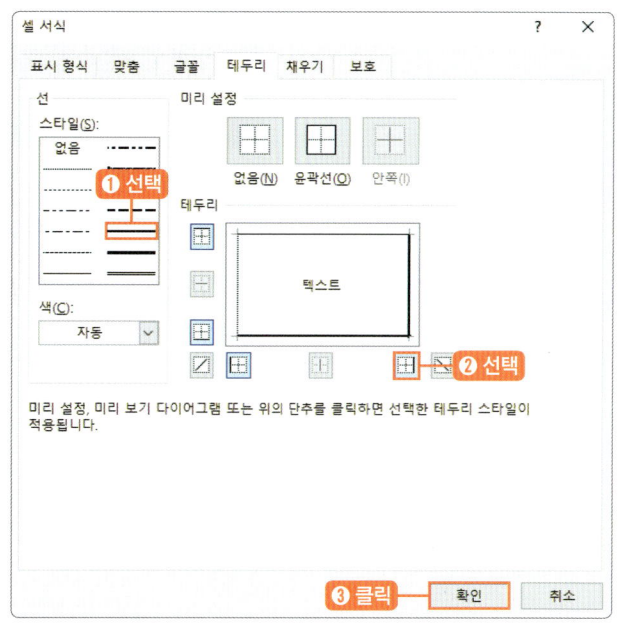

❾ [F10] 셀 오른쪽에 굵은 선이 적용된 것을 확인합니다.

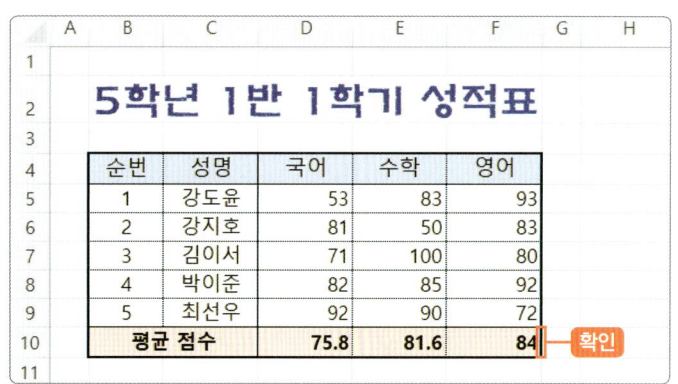

❿ 모든 작업이 끝나면 [파일] 탭-[다른 이름으로 저장]을 클릭합니다. 이어서, 대화상자가 나오면 본인의 폴더에 파일 이름을 '성적표(완성)'으로 입력하고 <저장> 단추를 클릭합니다.

CHAPTER 08

■ 불러올 파일 : 미션수행 01.xlsx   ■ 완성된 파일 : 미션수행 01(완성).xlsx

 배운 내용을 토대로 다음과 같이 완성하고 저장해 봅니다.

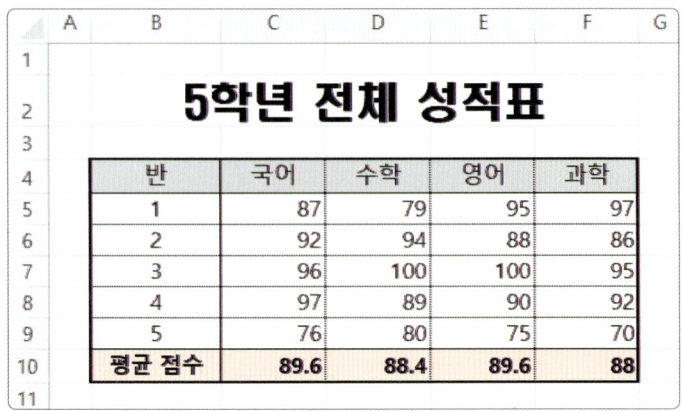

작업 순서

① [불러올 파일]-[CHAPTER 08] 폴더에서 '미션수행 01.xlsx' 파일을 불러옵니다.
② 수식 AVERAGE 함수를 사용하여 [C10:F10] 셀의 평균 점수를 구합니다.

TIP

함수 라이브러리 사용하기

• 함수를 입력할 [D10:F10] 셀을 선택한 후 [수식] 탭-[함수 라이브러리] 그룹-[자동 합계]-'평균'을 선택합니다.

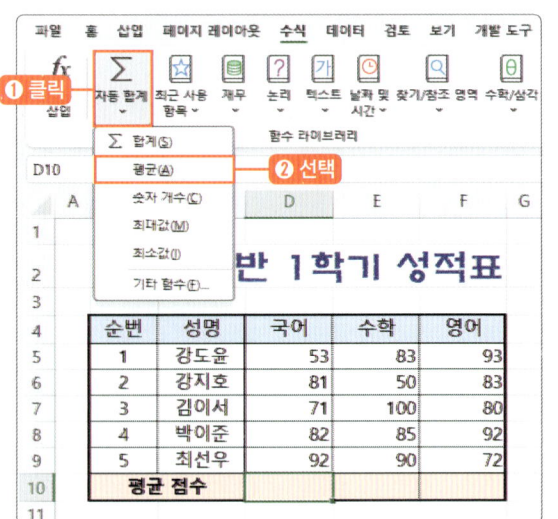

MEMO

CHAPTER 09 인플루언서편 1 - 게시물의 조회수와 좋아요 수는 중요해!

- 인플루언서가 숫자 데이터에 신경 쓰는 이유에 대해 알아봅니다.
- 인플루언서의 동영상 조회수를 함수를 이용하여 알아봅니다.

■ 불러올 파일 : 동영상 분석표.xlsx   ■ 완성된 파일 : 동영상 분석표(완성).xlsx

완성작품 미리보기

{ 오늘 배울 기능 }
함수(MAX, MIN)

동영상 제목	조회수	좋아요
동영상 1	1,050	489
동영상 2	890	232
동영상 3	1,200	933
동영상 4	750	453
동영상 5	1,350	834
동영상 6	980	374
동영상 7	1,500	1,372
동영상 8	820	534
동영상 9	1,100	827
동영상 10	950	762
최대값	1,500	1,372
최소값	750	232

 **인플루언서가 숫자 데이터에 신경 쓰는 이유가 무엇일까요?**

인플루언서란 여러 사람들에게 영향을 주는 사람으로 인터넷이나 소셜 미디어를 통해 자신의 생각이나 콘텐츠를 공유하면서 많은 사람들에게 관심을 받는 직업입니다. 자신의 콘텐츠를 통해 데이터를 수를 수집합니다. 데이터에는 구독자 수, 좋아요 수, 조회수 등이 포함되어 있어 인플루언서의 온라인 활동과 콘텐츠의 인기를 나타내는 지표로 활용되기 때문입니다.

1 수식 MAX 함수를 사용하여 최대값 구하기

인플루언서 컴벤씨가 자신의 유튜브 채널에서 업로드한 동영상의 조회수와 좋아요 수를 분석하려고 합니다.

① 바탕화면의 Excel 아이콘을 실행한 다음 [불러올 파일]-[CHAPTER 09]-'동영상 분석표.xlsx' 파일을 불러옵니다.

② [C16] 셀을 클릭하고 '=M'까지만 입력하면 하위 목록이 나타납니다. 'MAX'를 선택한 후, Tab 키를 누릅니다.

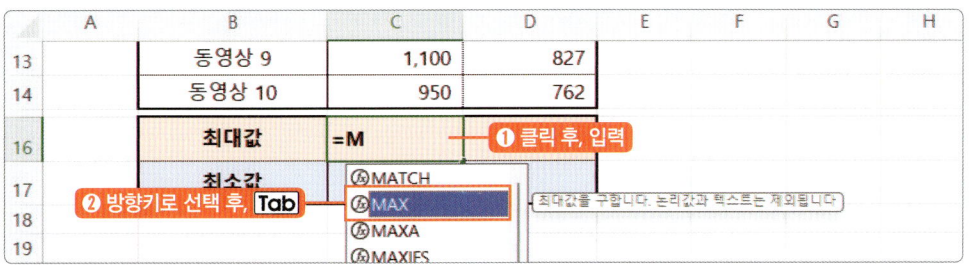

③ 최대값을 구할 셀의 범위 [C5:C14] 셀을 마우스로 드래그한 다음 Enter 키를 누릅니다.

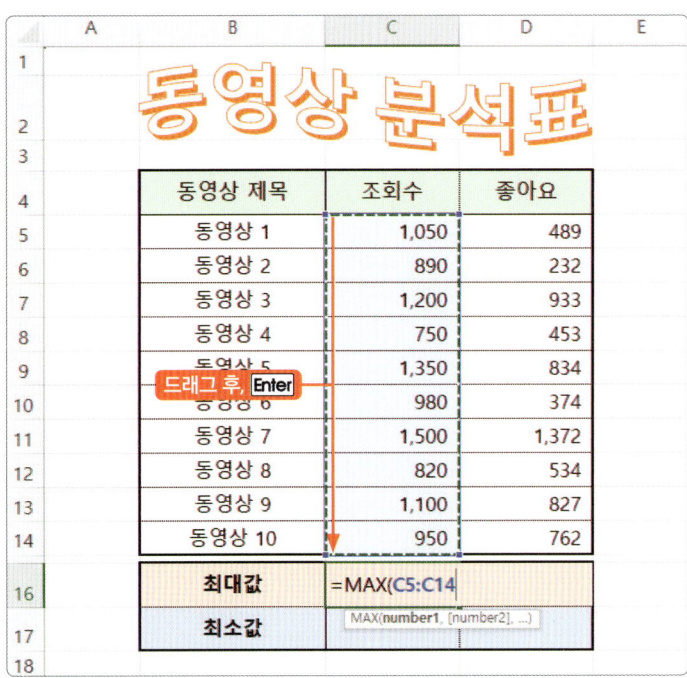

④ [D16] 셀을 클릭한 다음 [수식] 탭-[함수 라이브러리] 그룹-[자동 합계]-'최대값'을 선택합니다.

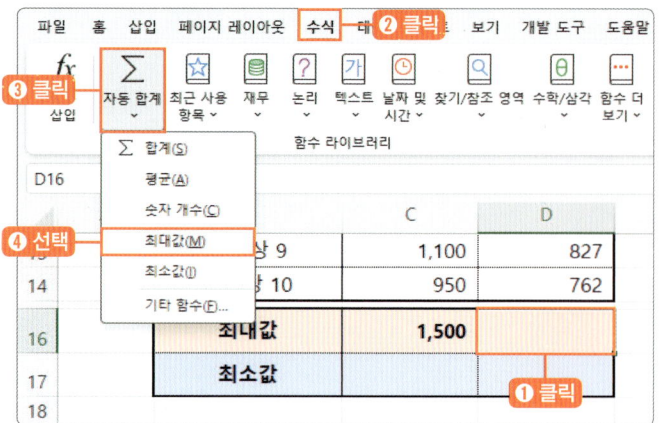

⑤ 최대값을 구할 셀의 범위 [D5:D:14] 셀을 마우스로 드래그한 다음 Enter 키를 누릅니다.

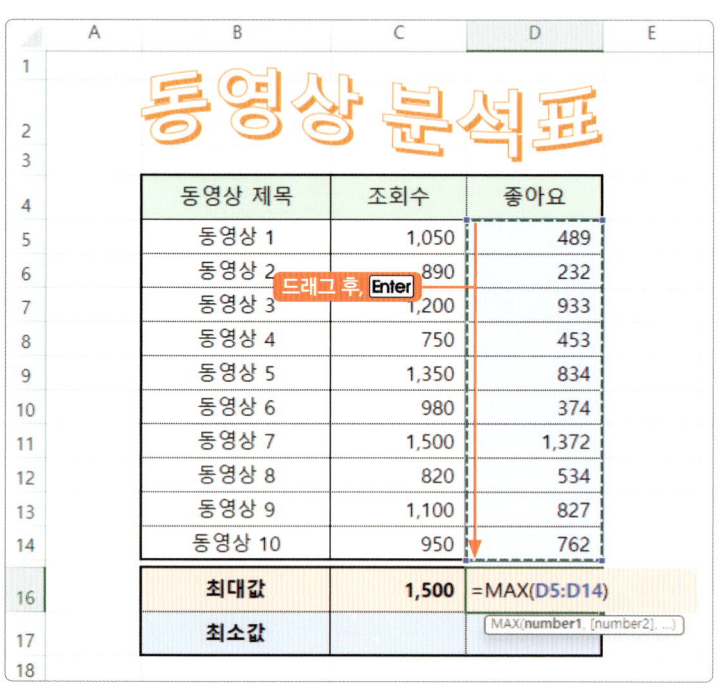

> **TIP**
> **[수식] 탭-[함수 라이브러리] 그룹-'자동 합계' 유의 사항**
> • 표가 연속적으로 연결되어 있어야 자동으로 채워집니다.

2 수식 MIN 함수를 사용하여 최소값 구하기

① [C17] 셀을 클릭하고 '=M'까지만 입력하면 하위 목록이 나타납니다. 'MIN'를 선택한 후, Tab 키를 누릅니다.

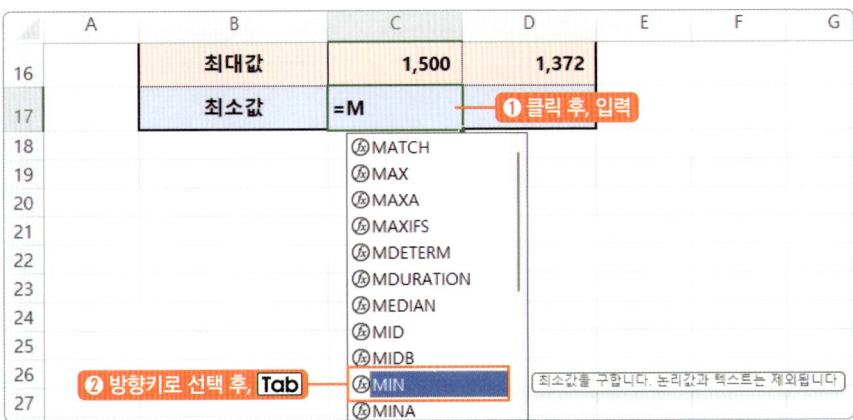

② 최소값을 구할 셀의 범위 [C5:C14] 셀을 마우스로 드래그한 다음 Enter 키를 누릅니다.

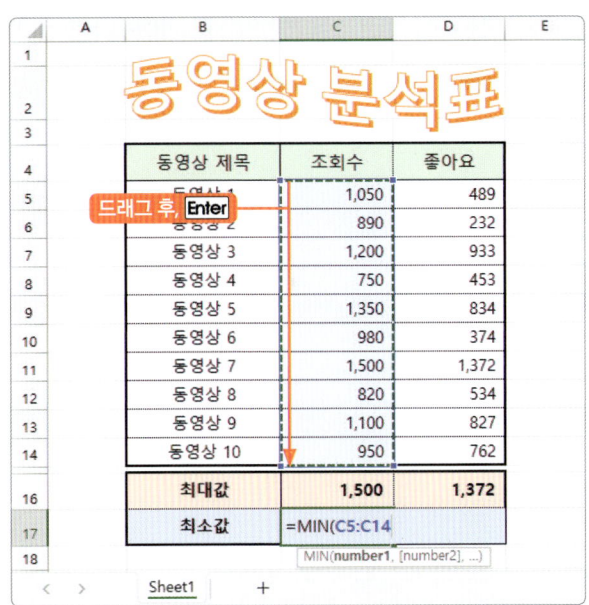

③ [D17] 셀을 클릭한 다음 [수식] 탭-[함수 라이브러리] 그룹-[자동 합계]-'최소값'을 선택합니다.

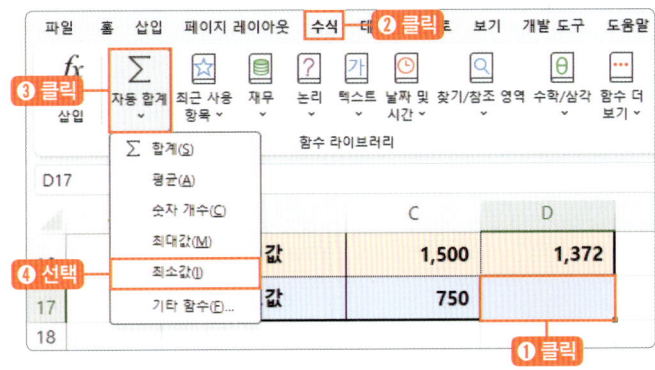

❹ 최소값을 구할 셀의 범위 [D5:D14] 셀을 마우스로 드래그한 다음 Enter 키를 누릅니다.

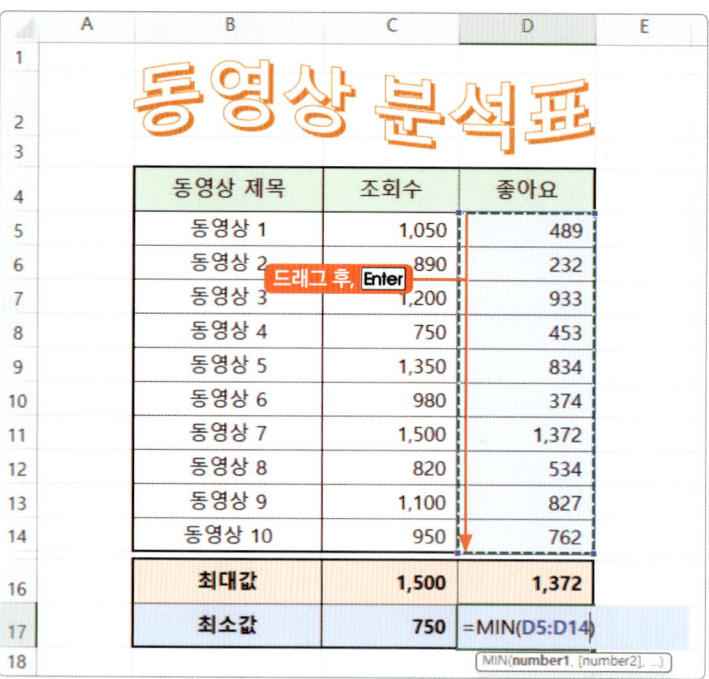

❺ 모든 작업이 끝나면 [파일] 탭-[다른 이름으로 저장]을 클릭합니다. 이어서, 대화상자가 나오면 본인의 폴더에 파일 이름을 '동영상 분석표(완성)'으로 입력하고 <저장> 단추를 클릭합니다.

CHAPTER 09

■ 불러올 파일 : 미션수행 01.xlsx   ■ 완성된 파일 : 미션수행 01(완성).xlsx

 배운 내용을 토대로 다음과 같이 완성하고 저장해 봅니다.

목록	게시물	팔로워
인플루언서 1	191	26,000
인플루언서 2	2,820	16,000
인플루언서 3	697	88,000
인플루언서 4	1,259	24,000
인플루언서 5	1,282	97,000
인플루언서 6	1,519	27,000
인플루언서 7	147	366,000
최대값	2,820	366,000
최소값	147	16,000

작업 순서

① [불러올 파일]-[CHAPTER 09] 폴더에서 '미션수행 01.xlsx' 파일을 불러옵니다.
② [C12] 셀은 수식 MAX 함수를 사용하여 최대값을 구합니다.
③ [D12] 셀은 [수식] 탭-[함수 라이브러리] 그룹-[자동 합계]-'최대값'으로 최대값을 구합니다.
④ [C13] 셀은 수식 MIN 함수를 사용하여 최소값을 구합니다.
⑤ [D13] 셀은 [수식] 탭-[함수 라이브러리] 그룹-[자동 합계]-'최소값'으로 최소값을 구합니다.
⑥ 모든 작업이 끝나면 '미션수행 01(완료).xlsx'로 저장합니다.

CHAPTER 10

인플루언서편 2 - 공동구매 진행 리스트 작성해 보자.

- 공동구매 진행 리스트를 작성하는 이유에 대해 알아봅니다.
- 참고할 수 있도록 메모 작성에 대해 알아봅니다.

■ 불러올 파일 : 8월 공구 리스트.xlsx   ■ 완성된 파일 : 8월 공구 리스트(완성).xlsx

완성작품 미리보기

오늘 배울 기능
메모 기능

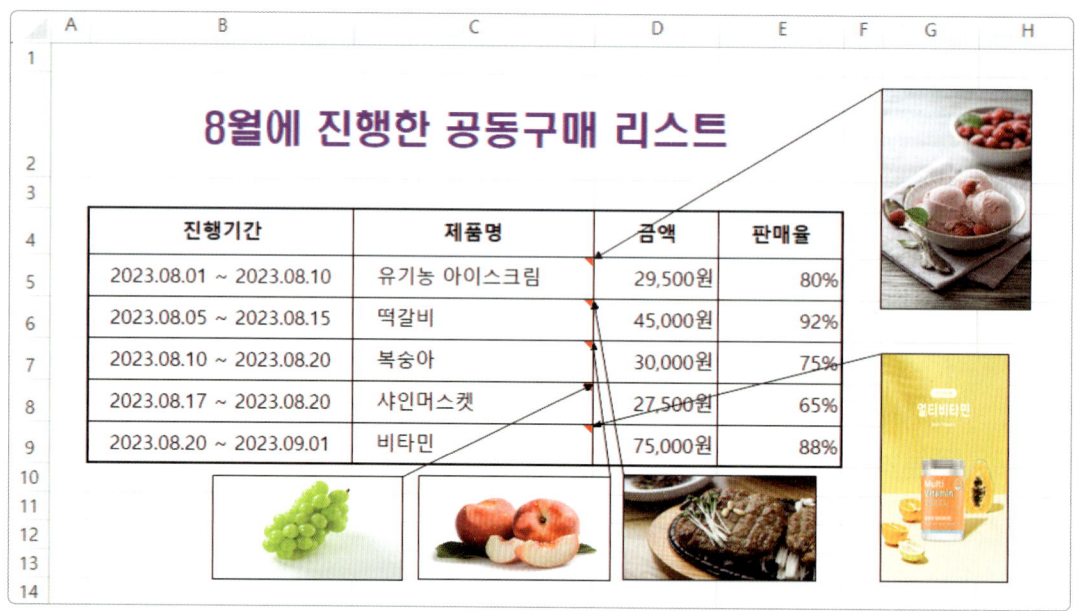

공동구매 진행 리스트를 기록해 두는 이유는 무엇일까요?

진행 상황 파악, 계획 수정, 보고와 피드백, 목표 도달 유도, 성과 분석과 같은 인플루언서가 자신의 활동을 체계적으로 관리하고 발전시키기 중요한 작업으로 관리합니다. 실제 달성 수량을 보면서 목표치를 달성하지 못한 상품에 대해 추가 노력이 필요한지, 더 많은 홍보가 필요한지 등을 판단할 수 있는 자료가 될 수 있습니다.

메모 삽입하기

인플루언서 컴벤씨가 제품명만 기록했더니 자세한 내용을 알 수가 없었습니다. 그래서 메모를 작성하기로 합니다.

❶ 바탕화면의 Excel 아이콘을 실행한 다음 [불러올 파일]-[CHAPTER 10]-'8월 공구 리스트.xlsx' 파일을 불러옵니다.

❷ [C5] 셀을 클릭하고 [검토] 탭-[메모] 그룹-'새 메모'를 클릭합니다.

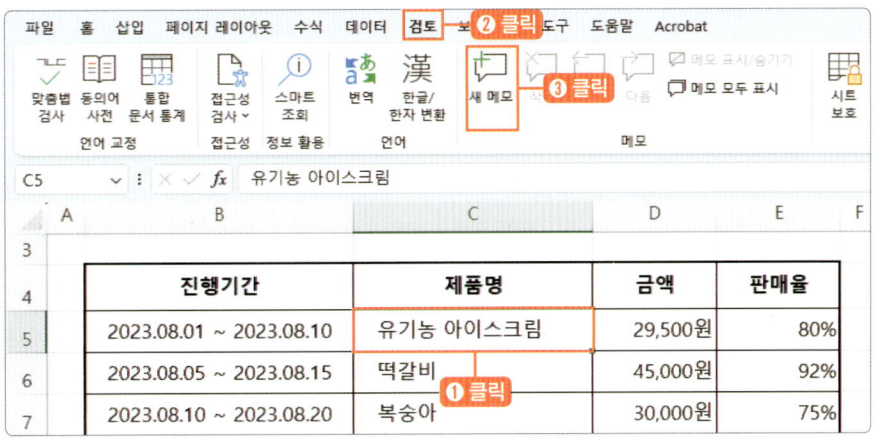

❸ 새 메모 안에 기본적으로 작성된 이름(user:)을 지웁니다. 메모 가장자리에 마우스 포인터()가 변경되면 마우스 오른쪽 단추를 눌러 [메모 서식]을 클릭합니다.

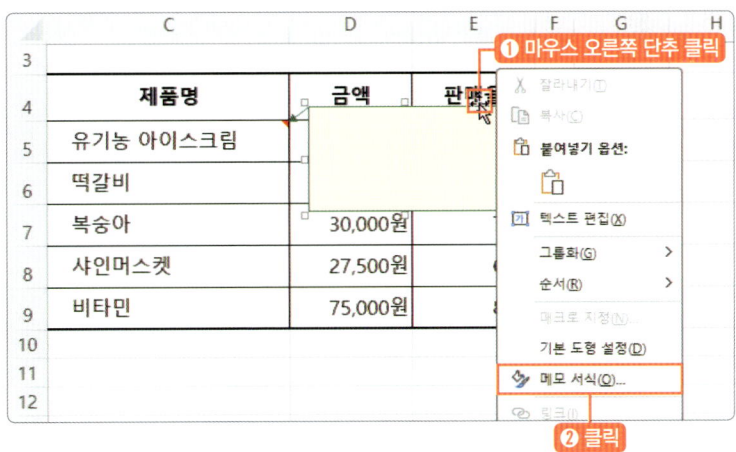

❹ [메모 서식] 대화상자가 나오면 [색 및 선] 탭-[채우기] 그룹-[색 목록 단추]-'채우기 효과'를 선택합니다.

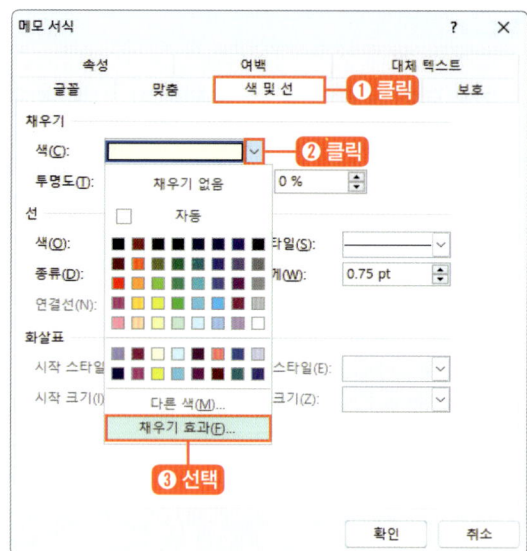

> **[메모 서식] 대화상자 실행 시 주의 사항**
> - 메모 안쪽에서 마우스 오른쪽 단추를 클릭해서 [메모 서식]을 선택하면 [메모 서식] 대화상자에 [글꼴]만 표시됩니다.

❺ [채우기 효과] 대화상자에서 [그림] 탭-<그림 선택> 단추를 클릭합니다.

❻ [그림 삽입] 대화상자가 나오면 [파일에서]를 클릭한 다음 [불러올 파일]-[CHAPTER 10]-'유기농 아이스크림.jpg' 파일을 선택한 후, <열기> 단추를 클릭합니다.

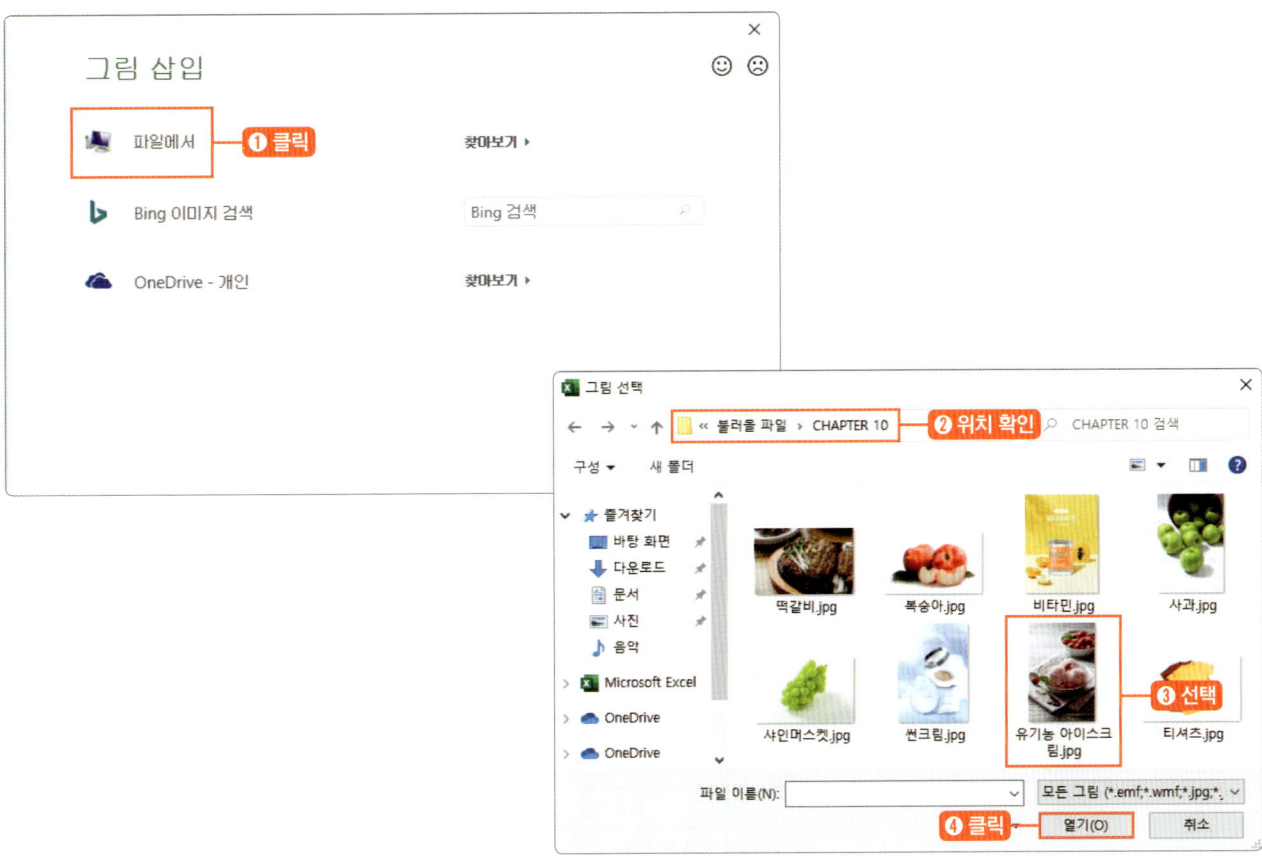

❼ [채우기 효과]와 [메모 서식] 대화상자의 <확인> 단추를 차례대로 클릭해서 메모 서식을 종료하면 메모 안에 그림이 추가됩니다.

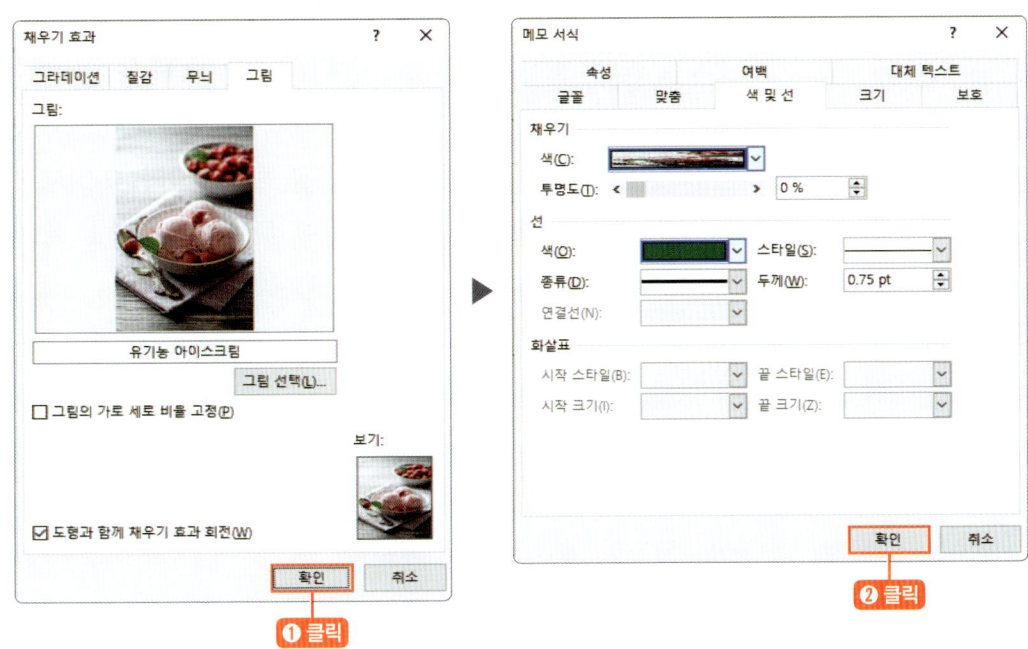

CHAPTER 10_ 인플루언서편 2 – 공동구매 진행 리스트 작성해 보자. • **063**

❽ 메모의 조절점을 이용하여 원하는 크기로 조절하고 마우스를 드래그한 다음 위치를 변경합니다.

※ 메모가 삽입된 셀 위에 마우스 포인터를 가지고 가면 메모를 확인할 수 있습니다.

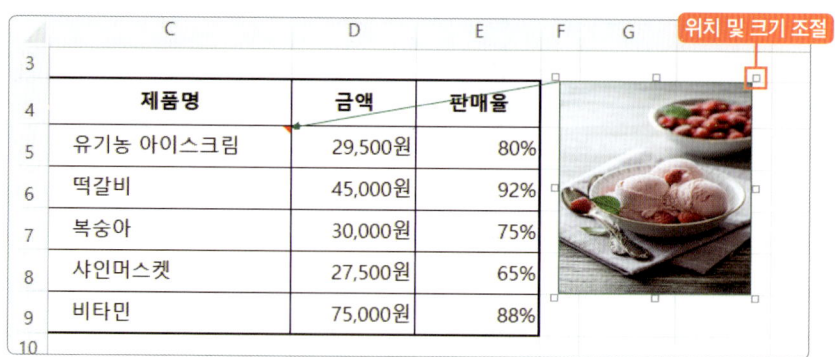

TIP 메모 표시/숨기기 하는 방법

- 메모를 삽입한 셀을 선택하고 오른쪽 마우스 단추를 눌러 [메모 표시/숨기기]를 이용하여 메모를 켜고/끄고 할 수 있습니다.

❾ [C6:C9] 셀도 같은 방법으로 아래 그림을 참고해서 그림이 있는 메모를 추가해 봅니다.

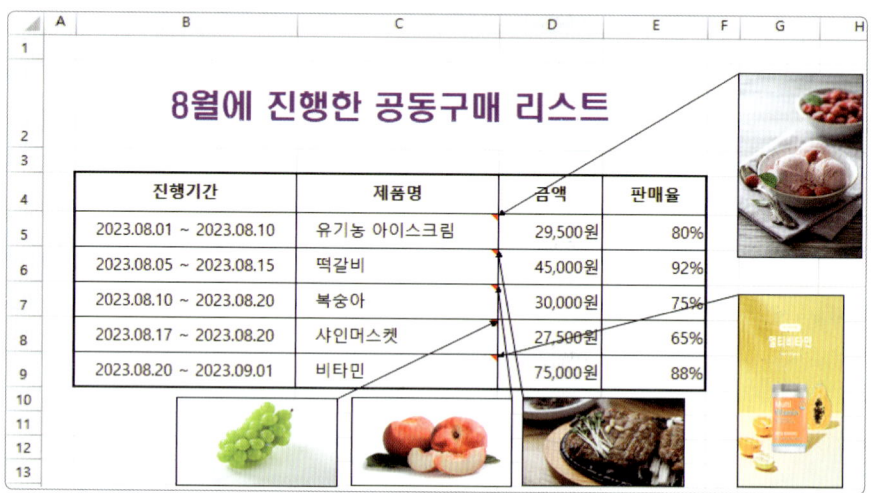

❿ 모든 작업이 끝나면 [파일] 탭-[다른 이름으로 저장]을 클릭합니다. 이어서, 대화상자가 나오면 본인의 폴더에 파일 이름을 '8월 공구 리스트(완성)'으로 입력하고 <저장> 단추를 클릭합니다.

미션 수행하기

CHAPTER 10

■ 불러올 파일 : 미션수행 01.xlsx   ■ 완성된 파일 : 미션수행 01(완성).xlsx

① 배운 내용을 토대로 다음과 같이 완성하고 저장해 봅니다.

작업 순서

① [불러올 파일]-[CHAPTER 10] 폴더에서 '미션수행 01.xlsx' 파일을 불러옵니다.
② [E5] 셀에 '썬크림.jpg' 파일을 사용하여 메모를 삽입합니다.
③ [E6] 셀에 '티셔츠.jpg' 파일을 사용하여 메모를 삽입합니다.
④ [E7] 셀에 '사과.jpg' 파일을 사용하여 메모를 삽입합니다.
⑤ [E5:E7] 셀에 삽입된 메모를 항상 보일 수 있도록 표기합니다.
⑥ 모든 작업이 끝나면 '미션수행 01(완료).xlsx'로 저장합니다.

> **TIP**
> **새 메모 삽입 단축키**
> • 새 메모 단축키는 **Shift** + **F2** 키입니다.

CHAPTER 11 재무 설계사편 1 - 고객들의 투자 성향을 분석해 보자.

- 재무 설계사는 고객들의 투자 성향을 분석하는 이유에 대해 알아봅니다.
- 투자 성향에 따른 인원수에 대해 알아봅니다.

■ 불러올 파일 : 투자 성향 분석.xlsx   ■ 완성된 파일 : 투자 성향 분석(완성).xlsx

완성작품 미리보기

{ 오늘 배울 기능 }

함수(COUNTIF), 셀 참조

고객별 투자 성향 분석

순번	이름	투자 종류
1	호기	예금
2	채린	적금
3	준호	적금
4	서영	예금
5	지우	부동산
6	현우	해외 주식
7	민지	적금
8	도윤	부동산
9	소연	부동산
10	영준	적금

투자 종류	인원수(명)
예금	2
적금	4
부동산	3
해외 주식	1

재무 설계사는 고객들의 투자 성향 분석을 왜 하나요?

재무 설계사는 고객들이 돈을 어떻게 투자할지 도와주는 사람입니다. 사람마다 돈을 다르게 투자하는 성향이 있는데, 어떤 사람은 안전한 투자를 선호하고 어떤 사람은 더 큰 수익을 원할 수 있습니다. 재무 설계사는 고객들의 성격과 목표에 따라서 어떤 투자 방법이 가장 좋을지 알려주기 위해 투자 성향을 분석합니다. 이렇게 하면 고객들이 돈을 투자할 때 더 현명한 선택을 할 수 있게 도와줄 수 있습니다.

수식 COUNTIF 함수를 사용하여 투자 성향 분석하기

함수 COUNTIF는 특정 조건에 맞는 데이터의 개수를 세어주는 함수입니다.

❶ 바탕화면의 Excel 아이콘을 실행한 다음 [불러올 파일]-[CHAPTER 11]-'투자 성향 분석.xlsx' 파일을 불러옵니다.

❷ [G5] 셀은 전체 10명 중 예금이 몇 명 있는지 확인합니다. '=COU'까지 입력하면 하위 목록이 나타납니다. 'COUNTIF'를 선택한 후, Tab 키를 누릅니다.

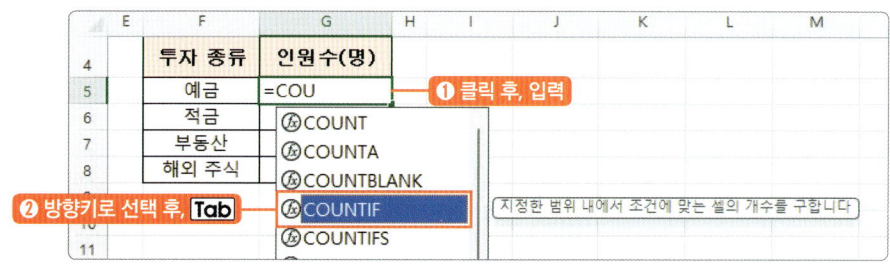

❸ 함수 COUNTIF 수식은 '=COUNTIF(전체 조건 범위, 특정 조건)'입니다. 따라서, 조건 범위는 전체 범위인 [D5:D14] 셀을 선택한 다음 '콤마(,)'를 입력한 후, 특정 조건(찾는 조건)인 [F5] 셀을 클릭하고 Enter 키를 누릅니다.

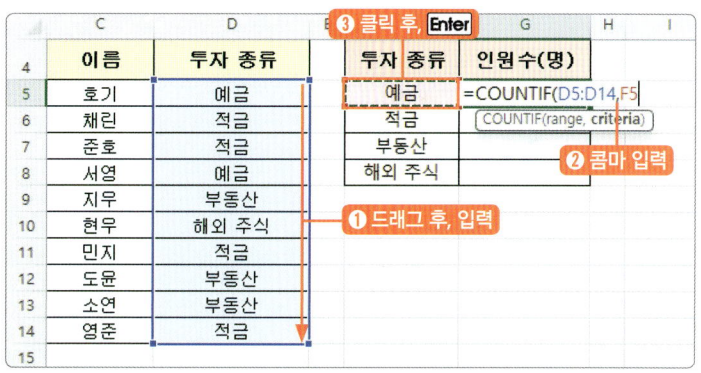

❹ 함수의 결과는 10명의 고객들 중 예금에 투자한 사람은 총 2명입니다.

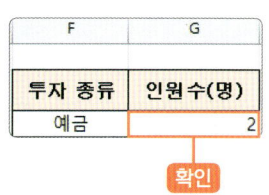

2 상대 참조

상대 참조는 셀이 이동할 때 숫자나 공식도 함께 움직입니다.

❶ [G5] 셀에 함수 결과(인원수)가 표시되면 채우기 핸들(┼)을 [G8] 셀까지 마우스를 드래그하여 채우기 합니다.

❷ [G7] 셀을 더블클릭하면 수식에 전체 조건 범위가 바뀐 것을 확인할 수 있습니다. 이것은 상대 참조로 전체 조건 범위를 넣었기 때문입니다.

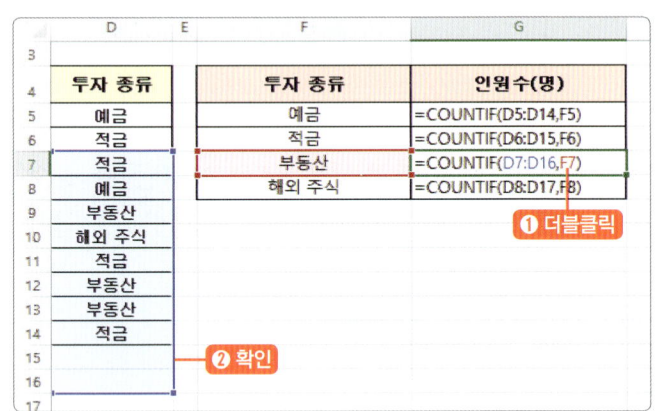

3 절대 참조

절대 참조는 셀 안에 있는 숫자나 공식을 그대로 쓸 때 사용합니다. 셀 주소에 '$' 기호를 붙여 표시하며 F4 키를 사용합니다.

❶ [G5] 셀의 수식 '=COUNTIF('를 입력하고 전체 조건 범위인 [D5:D14] 셀을 지정한 다음 F4 키를 누릅니다. 그러면 셀 주소에 자동으로 '$'가 붙습니다.

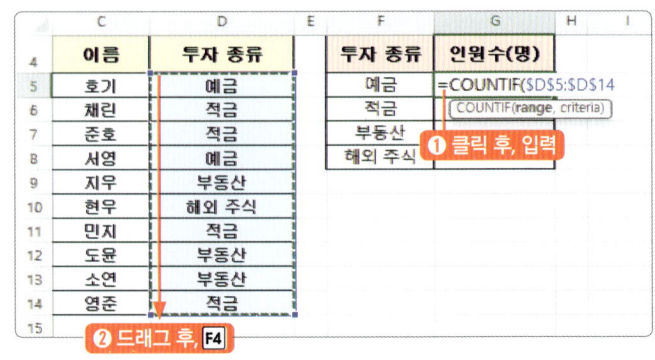

❷ '=COUNTIF($D$5:$D$14' 뒤에 ',(콤마)'를 입력하고 특정 조건인 [F5] 셀을 클릭한 다음 Enter 키를 누릅니다.

❸ [G5] 셀에 함수 결과(인원수)가 표시되면 채우기 핸들(+)을 [G8] 셀까지 마우스 드래그하여 채우기 합니다.

❹ [G7] 셀을 더블클릭하면 수식에 전체 조건 범위가 바뀌지 않은 것을 확인할 수 있습니다. 이것은 절대 참조로 전체 조건 범위를 넣었기 때문입니다.

❺ 모든 작업이 끝나면 [파일] 탭-[다른 이름으로 저장]을 클릭합니다. 이어서, 대화상자가 나오면 본인의 폴더에 파일 이름을 '투자 성향 분석(완성)'으로 입력하고 <저장> 단추를 클릭합니다.

CHAPTER 11

■ 불러올 파일 : 미션수행 01.xlsx   ■ 완성된 파일 : 미션수행 01(완성).xlsx

 배운 내용을 토대로 다음과 같이 완성하고 저장해 봅니다.

작업 순서

① [불러올 파일]-[CHAPTER 11] 폴더에서 '미션수행 01.xlsx' 파일을 불러옵니다.
② [G5] 셀은 연금 투자 여부 중 YES인 인원수를 구합니다. (COUNTIF)
③ [G6] 셀은 연금 투자 여부 중 NO인 인원수를 구합니다. (COUNTIF)
④ 모든 작업이 끝나면 '미션수행 01(완료).xlsx'로 저장합니다.

TIP 참조 변환 순서

MEMO

CHAPTER 12
재무 설계사편 2 - 은행별 이자를 비교해서 추천해 줘야지!

- 재무 설계사가 은행별 이자를 비교해서 추천해 주는 이유에 대해 알아봅니다.
- 어떤 은행의 이자가 많은지 순위를 구하는 방법에 대해 알아봅니다.

■ 불러올 파일 : 은행별 이자 비교.xlsx   ■ 완성된 파일 : 은행별 이자 비교(완성).xlsx

 완성작품 미리보기

{ 오늘 배울 기능 }
특수문자 기호, 함수(RANK.EQ), & 연산자

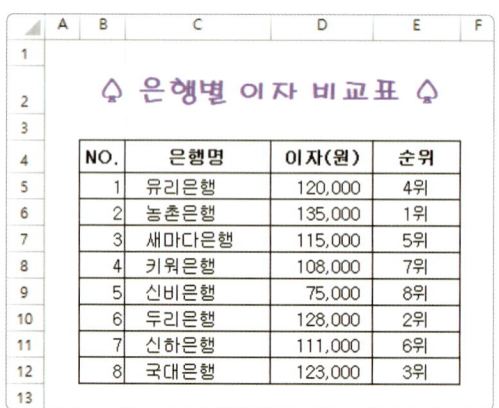

재무 설계사가 은행별 이자를 비교해서 고객들에게 추천해 주는 이유는 무엇일까요?

고객들이 돈을 저금할 때 가장 많은 이윤을 얻을 수 있는 은행을 찾아 주기 위해서입니다. 은행마다 이자율이 다를 수 있어서 재무 설계사는 고객들이 가장 큰 이익을 얻을 수 있는 은행을 찾는 것을 도와줍니다. 이렇게 함으로써 고객들은 돈을 효과적으로 운용하고 더 많은 돈을 모을 수 있게 됩니다.

특수문자 입력하기

① 바탕화면의 Excel 아이콘을 실행한 다음 [불러올 파일]-[CHAPTER 12]-'은행별 이자 비교.xlsx' 파일을 불러옵니다.

② [B2] 셀을 클릭한 후, '은' 글자 앞에서 마우스를 더블클릭한 다음 커서를 활성화시켜 줍니다.

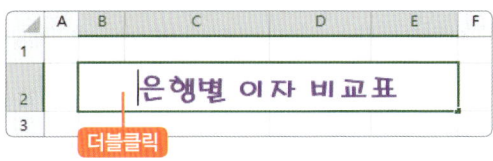

③ 한글 자음 'ㅁ'을 입력하고 한자 키를 눌러 보기 변경 단추(□→)를 클릭합니다.
　※ 윈도우10은 보기 변경(≫) 이 다르게 보입니다.

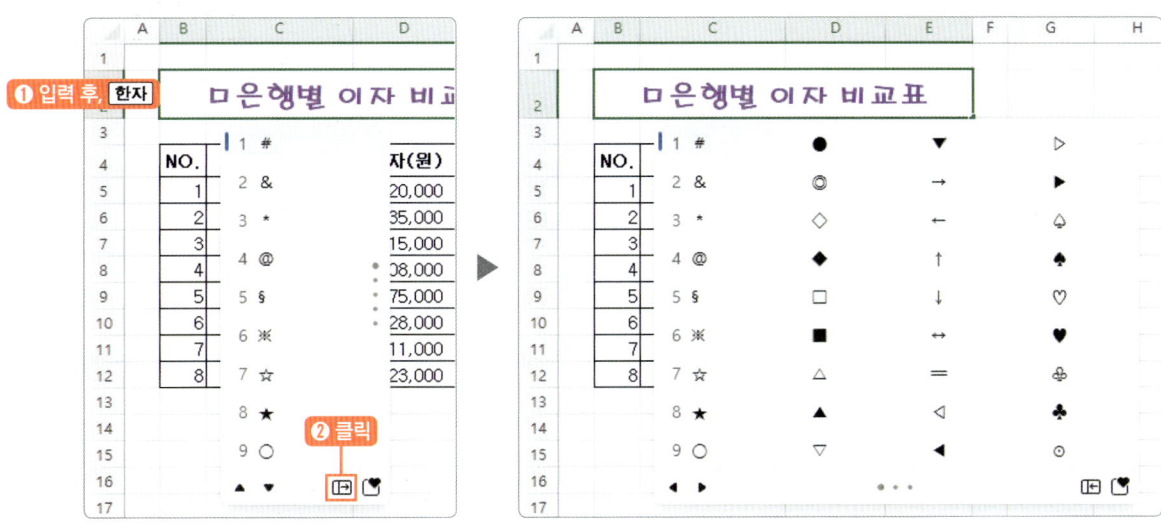

④ 특수문자 목록이 나타나면 '♤'를 찾아 선택한 후, 그림과 같이 '♤ 은행별 이자 비교표 ♤'를 입력합니다.

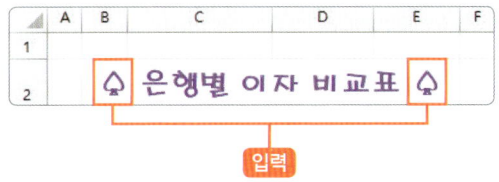

2. 수식 RANK.EQ 함수를 사용하여 순위 구하기

특정 목록 내에서 지정한 수의 크기가 몇 번째로 큰지 알아보고, 숫자들의 순서를 구할 때 사용합니다.

❶ [E5] 셀은 8개의 은행 중 유리은행 이자의 순위를 구합니다. '=RA'까지 입력하면 하위 목록이 나타납니다. 'RANK.EQ'를 선택한 후, Tab 키를 누릅니다.

❷ 함수 RANK.EQ 수식은 '=RANK.EQ(순위를 구하려는 수, 범위, 순위 결정방법)' 입니다. 따라서, 순위를 구하려는 수는 [D5] 셀, 범위는 [$D$5:$D$12] 셀 범위(절대 참조)이며 순위 결정방법은 내림차순(0)으로 선택하고 Enter 키를 누릅니다.

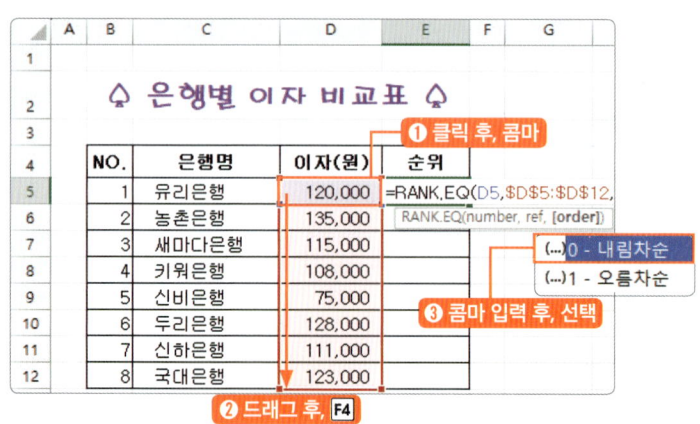

❸ 유리은행은 8개의 은행 중에서 4번째로 이자를 많이 줍니다.

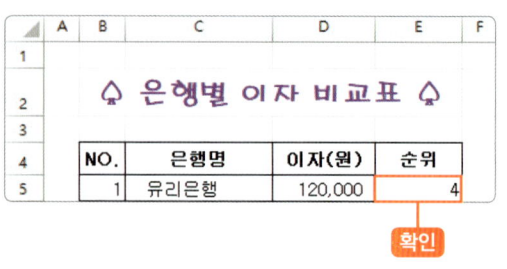

④ [E5] 셀에 함수 결과(순위)가 표시되면 채우기 핸들(+)을 [E12] 셀까지 마우스를 드래그하여 채우기 합니다.

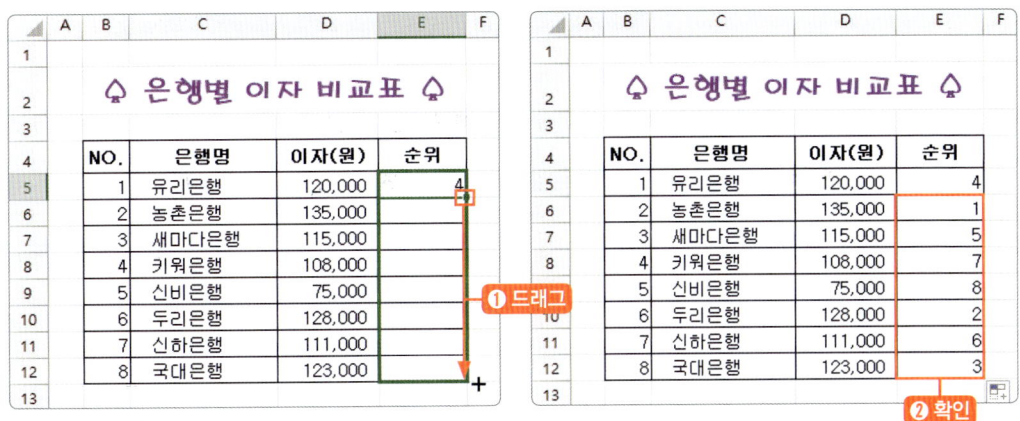

⑤ [E5:E12] 셀 영역 함수 결과값에 '위' 단위를 붙여봅니다. [E5] 셀을 클릭하고 셀 주소 창에 커서를 활성화 시켜 줍니다.

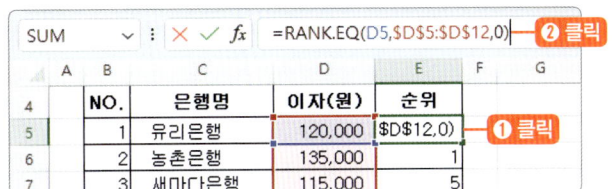

⑥ 함수 결과값 뒤에 '&"위"'를 입력하고 Enter 키를 누릅니다.

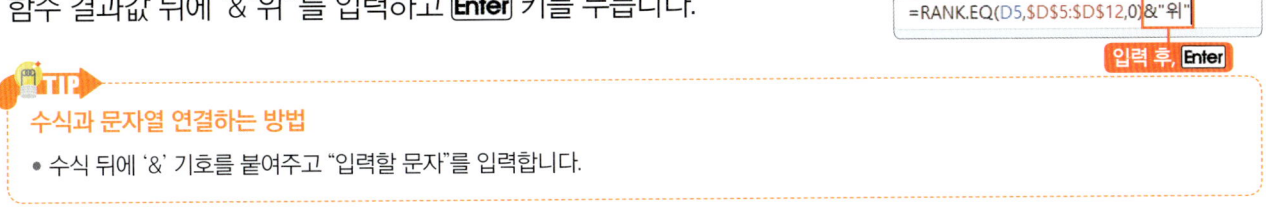

TIP
수식과 문자열 연결하는 방법
• 수식 뒤에 '&' 기호를 붙여주고 "입력할 문자"를 입력합니다.

⑦ 다시 [E5] 셀에 함수 결과(순위)가 표시되면 채우기 핸들(+)을 [E12] 셀까지 마우스를 드래그하여 채우기 하고, 글꼴 정렬을 '가운데 맞춤'으로 바꿔줍니다.

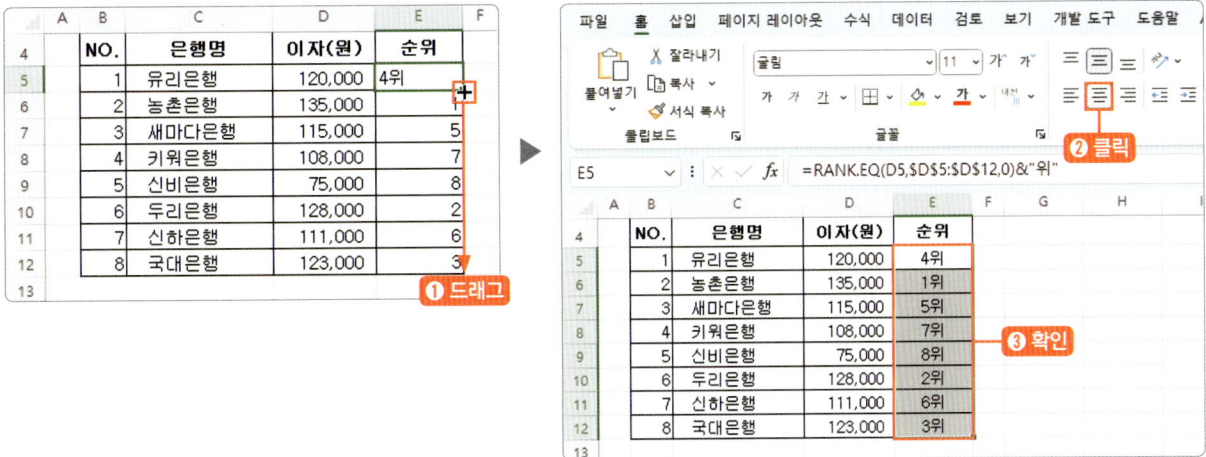

⑧ 모든 작업이 끝나면 [파일] 탭-[다른 이름으로 저장]을 클릭합니다. 이어서, 대화상자가 나오면 본인의 폴더에 파일 이름을 '은행별 이자 비교(완성)'으로 입력하고 <저장> 단추를 클릭합니다.

CHAPTER 12

■ 불러올 파일 : 미션수행 01.xlsx   ■ 완성된 파일 : 미션수행 01(완성).xlsx

1 배운 내용을 토대로 다음과 같이 완성하고 저장해 봅니다.

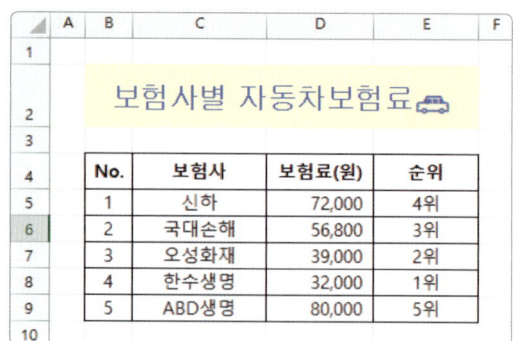

작업 순서

① [불러올 파일]-[CHAPTER 12] 폴더에서 '미션수행 01.xlsx' 파일을 불러옵니다.
② [B2] 셀 제목 뒤에 이모지 '🚗'를 붙입니다.
③ [E5:E9] 셀은 보험료의 오름차순 순위를 구한 결과값에 '위'를 붙입니다. (RANK.EQ 함수, & 연산자)
④ 모든 작업이 끝나면 '미션수행 01(완료).xlsx'로 저장합니다.

TIP

이모지 입력하는 방법

- Window + . 키를 조합하면 [이모지] 대화상자가 나타납니다.

MEMO

CHAPTER 13 척척박사 로봇은 어떻게 구분할까요?

학습목표
- 매크로가 무엇인지 알 수 있습니다.
- 매크로 기능으로 글꼴 및 맞춤 서식을 적용할 수 있습니다.

■ 불러올 파일 : 척척박사 로봇.xlsm　　■ 완성된 파일 : 척척박사 로봇(완성).xlsm

완성작품 미리보기

{ 오늘 배울 기능 }

매크로

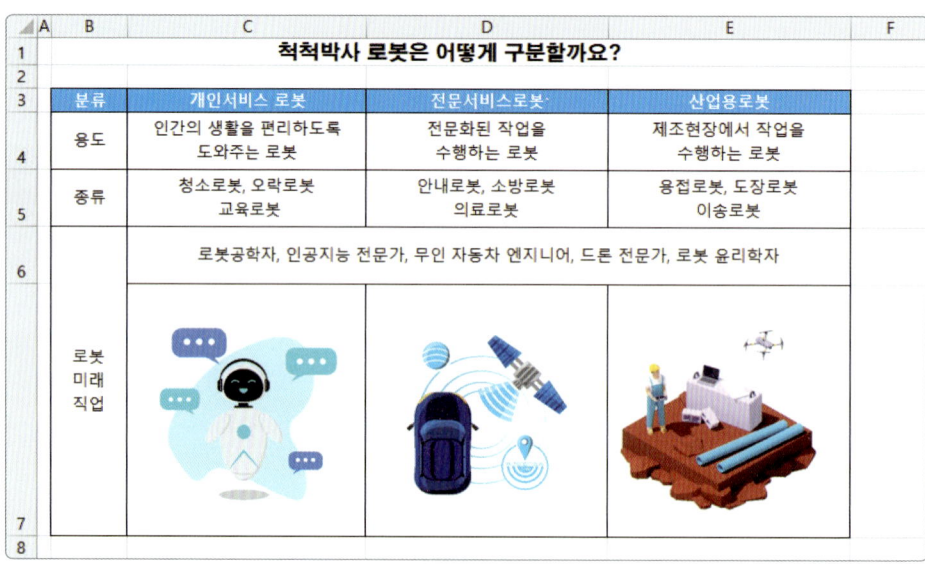

테마 미래 직업 – 로봇

1. 로봇 공학자　　　　　: 모든 분야에서 사람을 위해 일을 해주는 로봇을 제작합니다.
2. 인공지능 전문가　　　: 스스로 사고하고 추론하는 능력을 가진 컴퓨터 시스템을 개발합니다.
3. 무인 자동차 엔지니어 : 운전자의 조작 없이 스스로 도로 상황을 파악해 목적지에 도착할 수 있는 자동차를 만듭니다.
4. 드론 전문가　　　　　: 드론을 원격 조종으로 촬영뿐만 아니라 운송까지 가능하도록 합니다.
5. 로봇 윤리학자　　　　: 인간을 위해 로봇들이 지켜야 하는 행동 규범을 만듭니다.

1 그림 삽입하기

❶ 바탕화면의 Excel 아이콘을 실행한 다음 [불러올 파일]-[CHAPTER 13]-'척척박사 로봇.xlsm' 파일을 불러옵니다.

❷ 파일이 열리면 [삽입] 탭-[일러스트레이션] 그룹-[그림]-[이 디바이스(🖼)]를 클릭합니다.

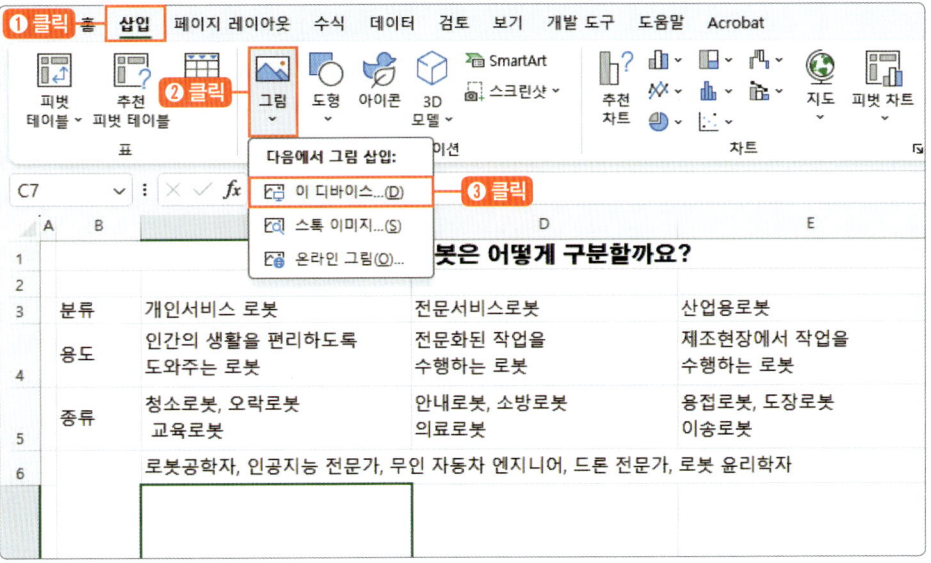

❸ [그림 삽입] 대화상자가 나오면 [불러올 파일]-[CHAPTER 13]-'드론.jpg', '로봇.jpg', '무인 자동차.jpg'를 모두 선택한 후, <삽입> 단추를 클릭합니다.

❹ 그림이 삽입되면 조절점으로 크기를 조절한 후, 아래와 같이 위치를 변경합니다.

2 글꼴 매크로 지정하기

❶ '로봇.jpg' 그림을 클릭하고 마우스 오른쪽 단추를 눌러 [매크로 지정]을 클릭합니다.

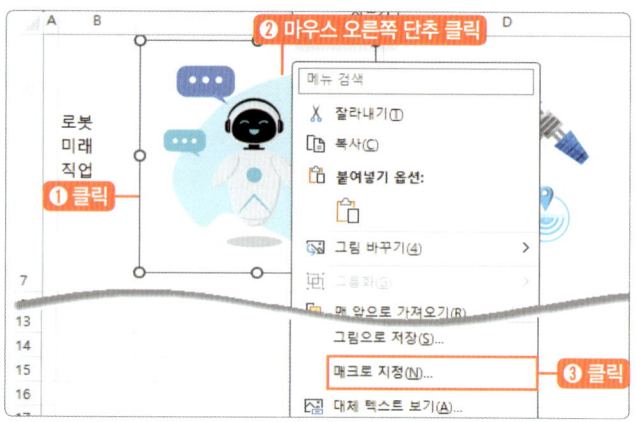

❷ [매크로 지정] 대화상자에서 매크로 이름(글꼴)을 입력한 후, <기록> 단추를 클릭합니다. [매크로 기록] 대화상자가 나오면 <확인> 단추를 클릭합니다.

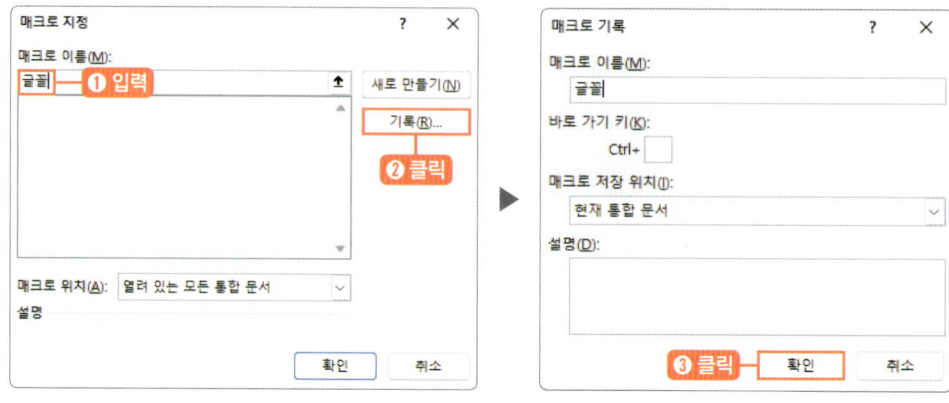

③ [B3:E3] 영역을 지정하고, [홈] 탭-[글꼴] 그룹-'굵게', '채우기 색(연한 파랑)', '글자 색(흰색)'으로 설정합니다.

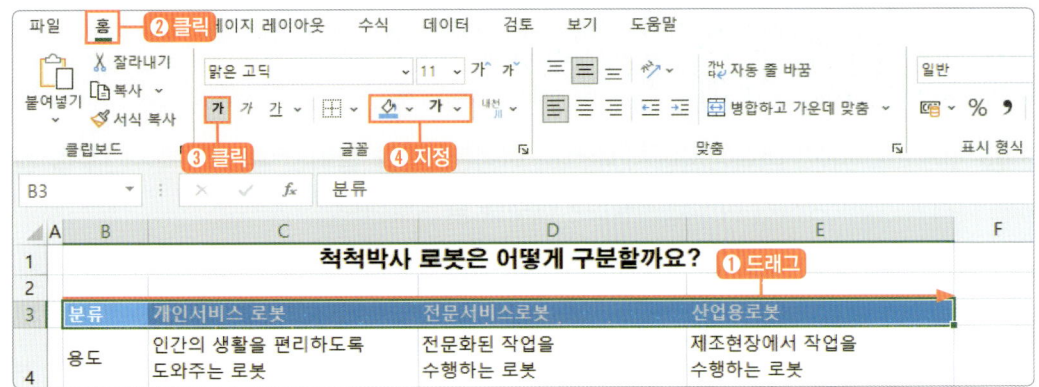

④ [B3:E7] 영역을 지정하고, [홈] 탭-[글꼴] 그룹-[테두리]-'모든 테두리'를 선택합니다.

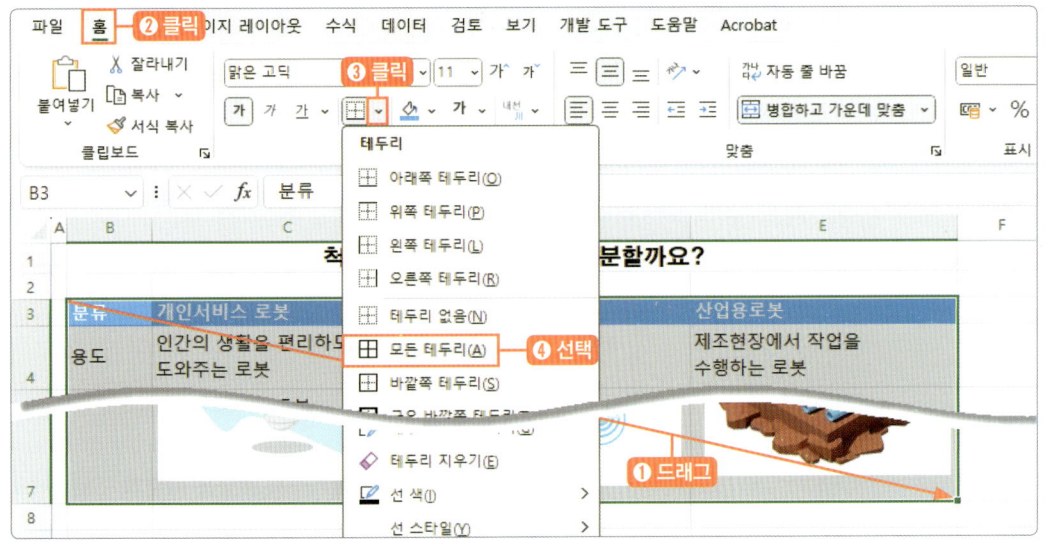

⑤ [A1] 셀을 클릭하여 범위 지정을 해제한 다음 워크시트 왼쪽 하단의 <기록 중지(□)> 단추를 클릭합니다.

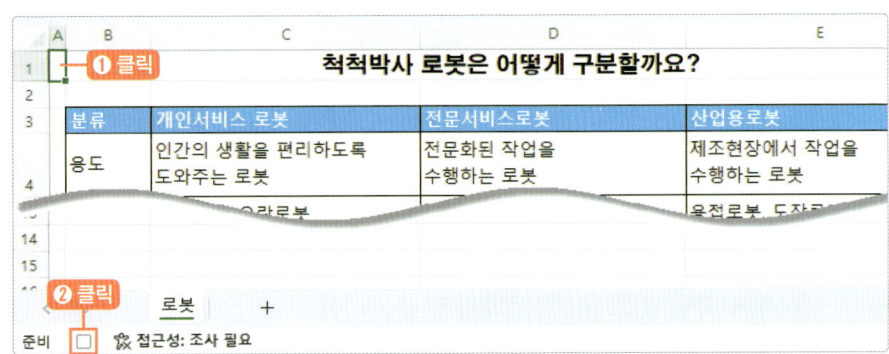

⑥ [B3:E3] 영역의 채우기 색과 글꼴 색을 임의의 색으로 변경한 다음 '로봇.jpg' 그림을 클릭하면 글꼴을 지정한 매크로가 실행이 됩니다.

3 맞춤 매크로 지정하기

❶ '무인 자동차.jpg' 그림을 클릭하고 마우스 오른쪽 단추를 눌러 [매크로 지정]을 클릭합니다.

❷ [매크로 지정] 대화상자에서 매크로 이름(맞춤)을 입력한 후, <기록> 단추를 클릭합니다. 이어서, [매크로 기록] 대화상자가 나오면 <확인> 단추를 클릭합니다.

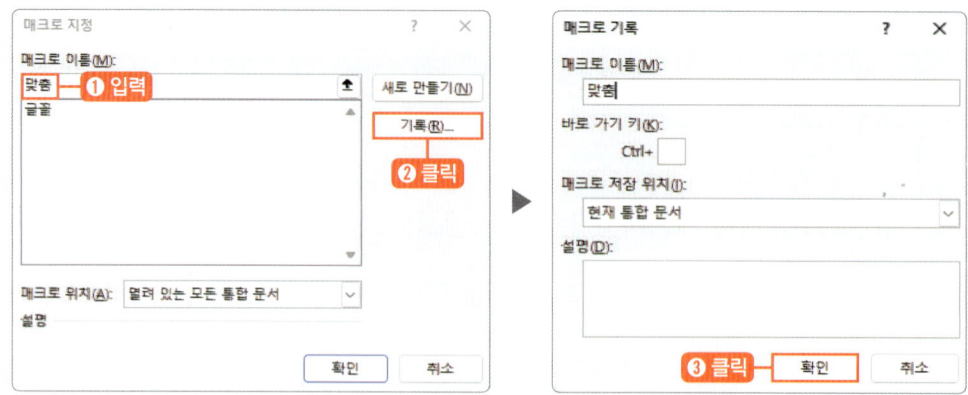

❸ [B3:E7] 영역을 지정하고, [홈] 탭-[맞춤] 그룹-'가운데 맞춤'을 클릭합니다.

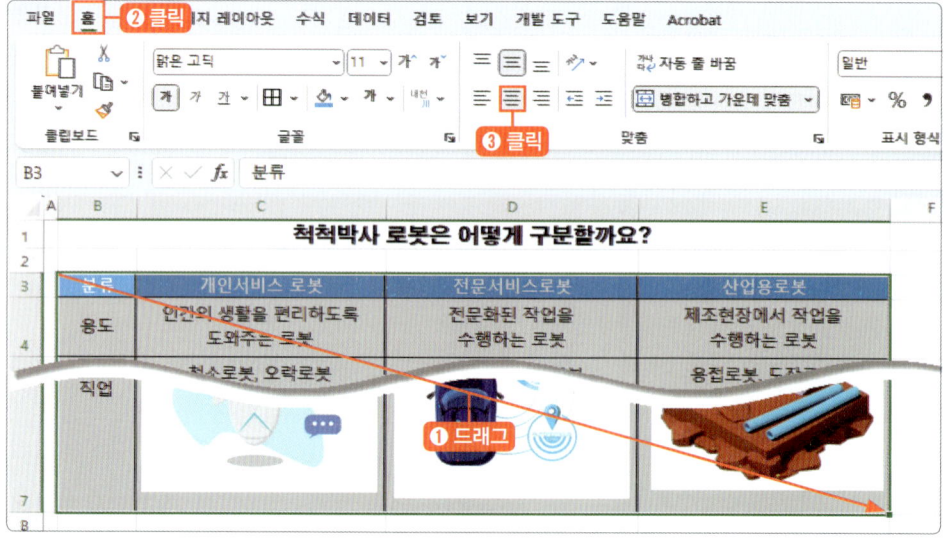

❹ [A1] 셀을 클릭하여 범위 지정을 해제한 다음 워크시트 하단의 <기록 중지(□)> 단추를 클릭합니다.

❺ 모든 작업이 끝나면 [파일] 탭-[다른 이름으로 저장]을 클릭합니다. 이어서, 대화상자가 나오면 본인의 폴더에 파일 이름을 '척척박사 로봇(완성)'으로 입력하고 <저장> 단추를 클릭합니다.

> **TIP**
> • 매크로를 포함하는 문서는 저장할 때 파일 형식을 'Excel 매크로 사용 통합 문서 (xlsm)'로 저장하여야 다음에 불러오기를 할 때 매크로가 정상적으로 실행됩니다.

미션 수행하기

CHAPTER 13

■ 불러올 파일 : 미션수행 01.xlsm　■ 완성된 파일 : 미션수행 01(완성).xlsm

① '드론.jpg' 그림에 글꼴과 맞춤 서식이 지워지는 매크로를 만들어 봅니다.

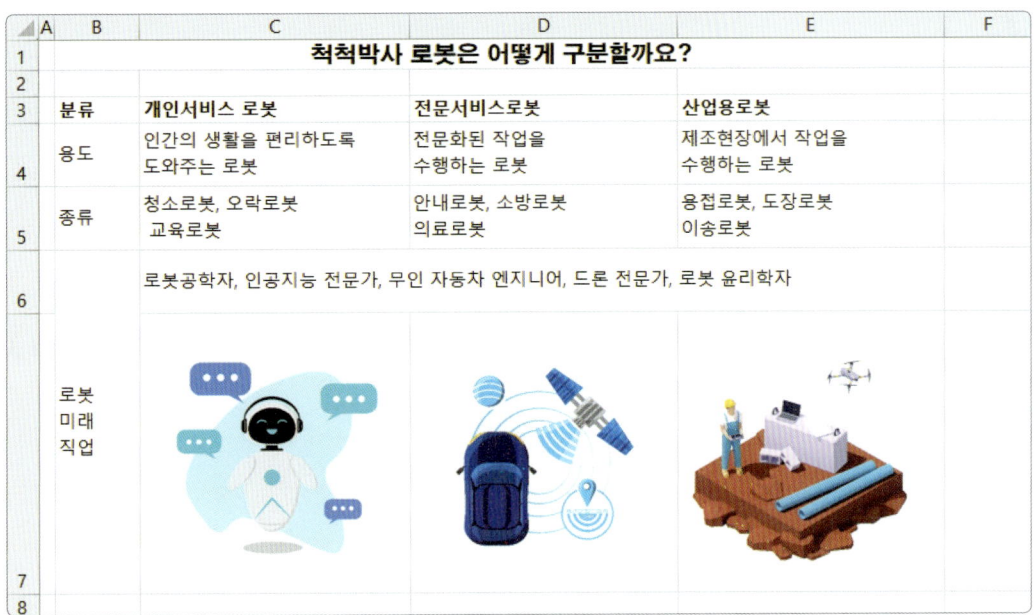

> **작업 순서**

① [불러올 파일]-[CHAPTER 13]-'미션수행 01.xlsm'을 불러옵니다.

② '드론.jpg' 그림을 클릭하고 매크로 이름(서식지우기)을 입력한 후, <기록> 단추를 클릭한 다음 <확인> 단추를 클릭합니다.

③ 글꼴 서식과 맞춤 서식을 모두 지우고 기록 중지를 합니다.

④ 매크로를 완성한 후, '로봇.jpg', '무인 자동차.jpg', '드론.jpg' 순서로 그림을 클릭하여 글꼴과 맞춤 서식이 잘 지워지는지 확인합니다.

⑤ 모든 작업이 끝나면 저장합니다.

시공간을 넘어 세상을 하나로 연결해요.

- 조건부 서식으로 조건에 맞는 영역에만 서식을 설정할 수 있습니다.
- 표 서식으로 한 번에 표 전환, 디자인, 자동 필터를 설정할 수 있습니다.

📁 불러올 파일 : 연결 전문가.xlsx   📁 완성된 파일 : 연결 전문가(완성).xlsx

{ 오늘 배울 기능 }

조건부 서식, 표 서식, 자동 필터

테마 미래 직업 – 연결

1. **사물인터넷 전문가** : 모든 사물에 인터넷을 연결하여 새로운 가치나 서비스를 창출합니다.
2. **사이버 평판 관리자** : 온라인 세계에서 좋은 이미지를 구축하고 문제를 해결합니다.
3. **빅 데이터 전문가** : 빅 데이터를 분석하면 새로운 것들을 발견하고 미래를 예측할 수 있습니다.
4. **클라우드 시스템 엔지니어** : 언제 어디서나 필요할 때 다양한 기기를 편리하게 사용할 수 있게 합니다.
5. **항공우주공학자** : 하늘을 무대로 항공기, 우주선, 로켓, 인공위성을 연구하고 개발합니다.

1 내용 입력하기

1. 바탕화면의 Excel 아이콘을 실행한 다음 [불러올 파일]-[CHAPTER 14]-'연결 전문가.xlsx' 파일을 불러옵니다.

2. 파일이 열리면 다음과 같이 내용을 입력합니다.

	A	B	C	D	E	F
1		시공간을 넘어 세상을 하나로 연결해요.				
2						
3		진로	분야	모집인원	교육시간	
4		사물 인터넷 전문가	웨어러블기기	24	10	
5		빅 데이터 전문가	마케팅 분석	24	10	
6		항공우주공학자	인공위성	15	30	
7		사물 인터넷 전문가	자율주행자동차	15	20	
8		빅 데이터 전문가	데이터 예측	24	10	
9		항공우주공학자	우주선	15	30	
10		사물 인터넷 전문가	스마트홈	24	10	
11		빅 데이터 전문가	소셜 네트워크 분석	24	10	

2 조건부 서식 적용하기

1. [B4:E11] 영역을 선택하고 [홈] 탭-[스타일] 그룹-[조건부 서식(▦)]-'새 규칙'을 선택합니다.

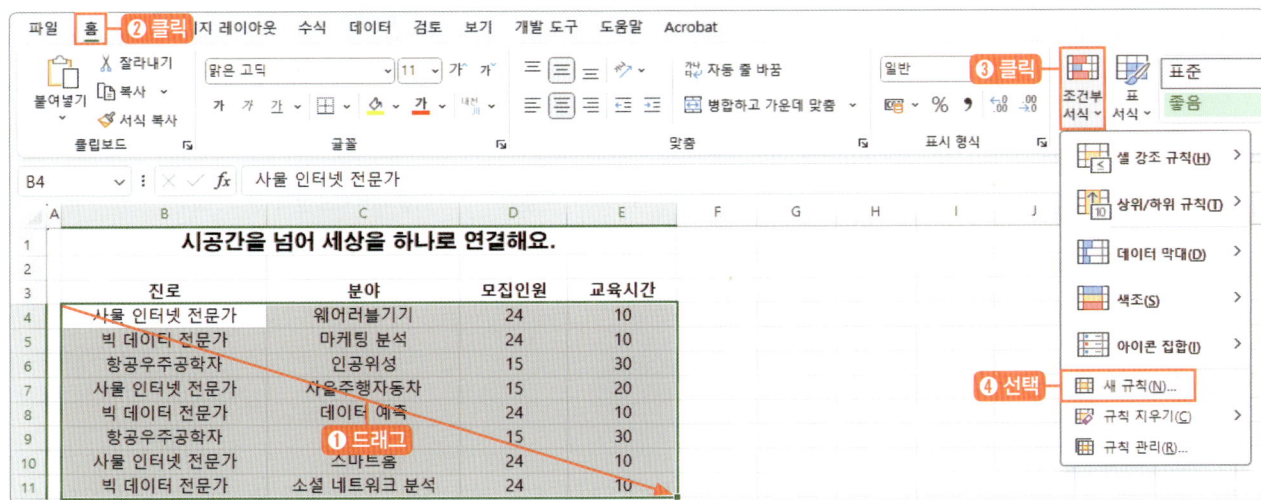

2. [새 서식 규칙] 대화상자가 나오면 '▶ 수식을 사용하여 서식을 지정할 셀 결정'을 선택한 후, 수식 입력 칸에 '=$E4>=20'을 입력하고 <서식> 단추를 클릭합니다.

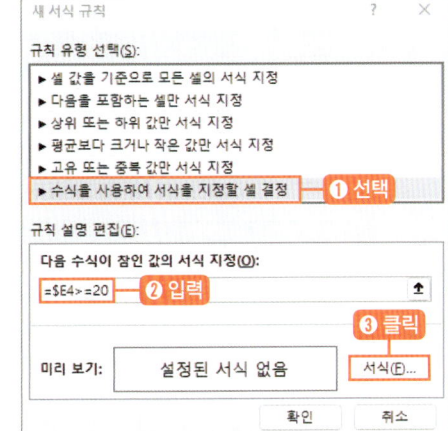

> **TIP**
> • 수식(=$E4>=20)을 이용하여 행 전체에 조건부 서식을 지정할 때는 참조할 셀 (E4)을 반드시 혼합 참조($E4)로 지정해야 합니다. [E4] 셀을 클릭한 후, F4 키를 두 번 눌러 혼합 참조 셀($E4)을 만들 수 있습니다.

❸ [셀 서식] 대화상자가 나오면 [글꼴]에서 글꼴 스타일(굵은 기울임꼴), 색(빨강)을 지정한 후, <확인> 단추를 클릭합니다. 이어서, [새 서식 규칙] 대화상자의 <확인> 단추를 클릭합니다.

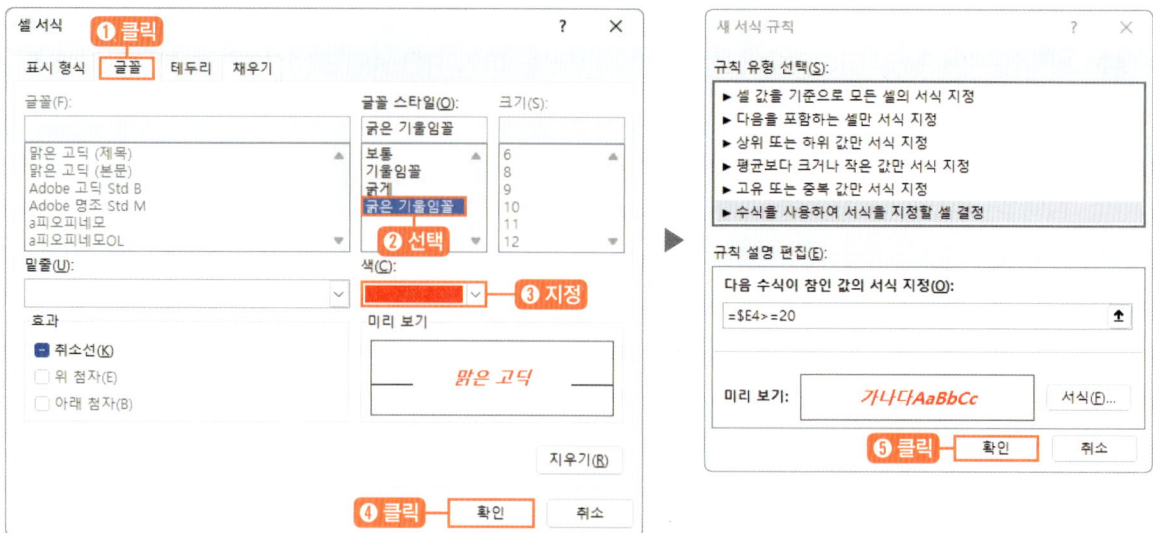

❹ 교육시간이 20시간 이상인 행에 조건부 서식(굵은 기울임꼴, 빨강)이 적용된 것을 확인합니다.

3 표 서식 적용하기

❶ [B3:E11] 영역을 선택한 다음 [홈] 탭-[스타일] 그룹-[표 서식(📋)]-[밝게]-'녹색, 표 스타일 밝게 14'를 선택합니다.

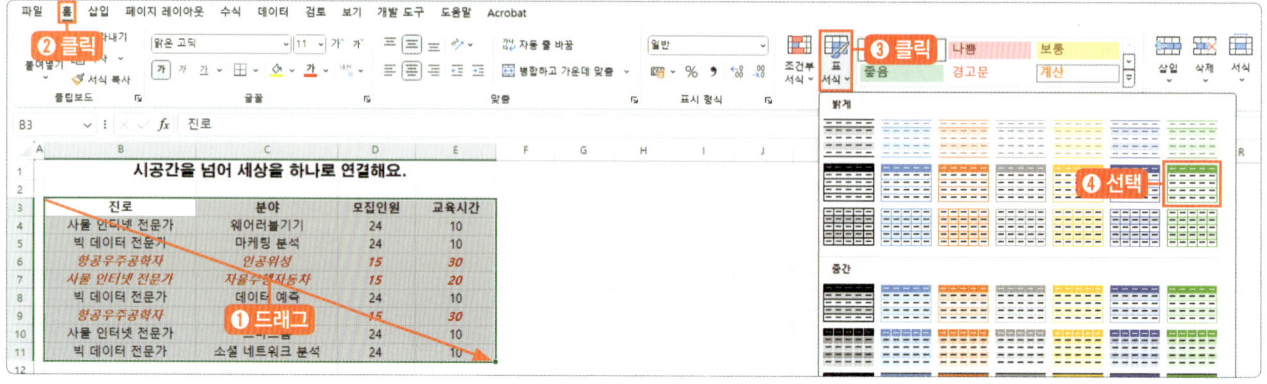

❷ [표 만들기] 대화상자가 나오면 '머리글 포함'이 체크 되었는지 확인한 다음 <확인> 단추를 클릭한 후, 적용된 표 서식을 확인합니다.

> **TIP**
> • 표 서식을 적용하면 <모두 표시(▼)>단추가 자동으로 생성된 것을 확인할 수 있습니다.

❸ [B3] 셀의 <모두 표시(▼)>단추를 클릭한 후, '항공우주공학자'의 선택을 해제합니다. 이어서, <확인> 단추를 클릭합니다.

❹ 진로가 '빅데이터 전문가', '사물 인터넷 전문가' 데이터만 추출된 것을 확인 할 수 있습니다.

❺ 모든 작업이 끝나면 [파일] 탭-[다른 이름으로 저장]을 클릭합니다. 이어서, 대화상자가 나오면 본인의 폴더에 파일 이름을 '연결 전문가(완성)'으로 입력하고 <저장> 단추를 클릭합니다.

CHAPTER 14

■ 불러올 파일 : 미션수행 01.xlsx   ■ 완성된 파일 : 미션수행 01(완성).xlsx

1 조건부 서식의 데이터 막대와 표 서식을 적용해 봅니다.

작업 순서

① [불러올 파일]–[CHAPTER 14]–'미션수행 01.xlsx'을 불러옵니다.

② [D4:D13] 영역에 [조건부 서식]–[데이터 막대]–[그라데이션 채우기]–'빨강 데이터 막대'를 클릭합니다.

③ [B3:E13] 영역을 선택하고 원하는 [표 서식]을 선택하여 적용해 봅니다.

④ 자동 필터를 활용하여 '주간 키워드'가 '전기차', '배터리', '스타트업'만 표시되도록 설정합니다.

⑤ 모든 작업이 끝나면 저장합니다.

MEMO

CHAPTER 15
이스포츠를 즐기는 관람객 현황

- 데이터를 정렬하는 방법을 알아봅니다.
- 부분합을 작성하는 방법을 알아봅니다.

■ 불러올 파일 : 이스포츠.xlsx   ■ 완성된 파일 : 이스포츠(완성).xlsx

{ 오늘 배울 기능 }
데이터 정렬, 부분합

	A	B	C	D	E	F	G
1		이스포츠를 즐기는 관람객 현황					
2						(관람객 현황 : 명)	
3		경기장	경기 종목	10대	20대	30~40대	
4		광주	리그오브 레전드	36	31	25	
5		광주	배틀 그라운드	23	21	27	
6		광주	스타크래프트	8	10	42	
7		광주 평균		22.33333333	20.66666667	31.33333333	
8		광주 요약		67	62	94	
9		대전	리그오브 레전드	35	37	33	
10		대전	스타크래프트	6	7	32	
11		대전 평균		20.5	22	32.5	
12		대전 요약		41	44	65	
13		부산	배틀 그라운드	25	22	27	
14		부산	오버워치	31	25	15	
15		부산 평균		28	23.5	21	
16		부산 요약		56	47	42	
17		서울	리그오브 레전드	35	45	29	
18		서울	배틀 그라운드	22	23	35	
19		서울	오버워치	35	45	29	
20		서울 평균		30.66666667	37.66666667	31	
21		서울 요약		92	113	93	
22		전체 평균		25.6	26.6	29.4	
23		총합계		256	266	294	
24							

테마 미래 직업 – 놀이

1. 게임 기획자 : 누구나 쉽게 즐길 수 있는 게임을 만듭니다.
2. 문화 콘텐츠 전문가 : 문화를 다양한 콘텐츠로 만듭니다.
3. 크리에이터 : 내가 표현하고 싶은 것들을 영상 콘텐츠로 만듭니다.
4. 게임 방송 프로듀서 : 게임 방송 프로그램을 만드는 일을 합니다.
5. 여행 기획자 : 새로운 여행지를 찾아내고 여행 상품을 개발합니다.
6. 스포츠 심리 상담원 : 운동선수들의 마음 건강을 보살핍니다.

1 내용 입력하기

① 바탕화면의 Excel 아이콘을 실행한 다음 [불러올 파일]-[CHAPTER 15]-'이스포츠.xlsx' 파일을 불러옵니다.

② 파일이 열리면 다음과 같이 내용을 입력합니다.

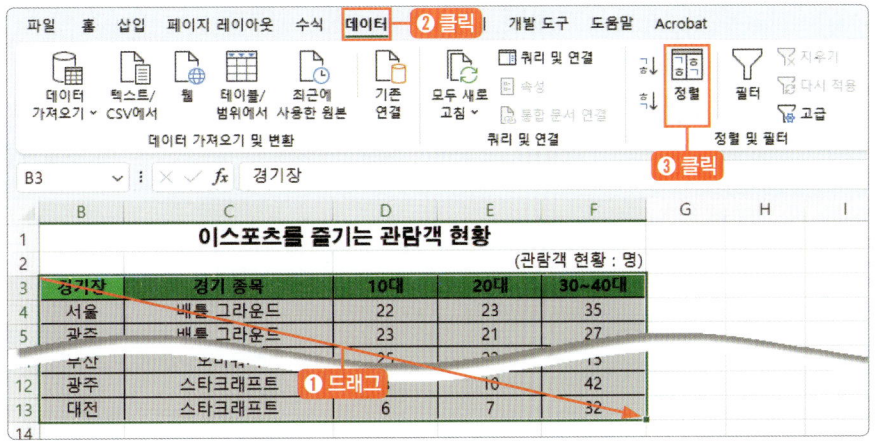

2 정렬하기

① [B3:F13] 영역을 선택한 다음 [데이터] 탭-[정렬 및 필터] 그룹-'정렬'을 클릭합니다.

② [정렬] 대화상자에서 정렬 기준은 '경기장', '오름차순'을 선택합니다. 이어서, <기준 추가> 단추를 클릭하고 정렬 기준은 '경기 종목', '오름차순'을 선택한 후, <확인> 단추를 클릭합니다.

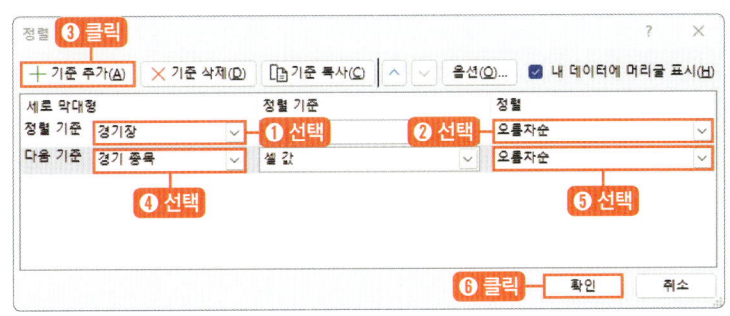

3 1차 부분합 작성하기

① 경기장을 기준으로 연령별 관람객 인원 합계를 구하는 부분합을 만들어 보겠습니다.

② [B3:F13]을 선택한 후, [데이터] 탭-[개요] 그룹-'부분합( )'을 클릭합니다.

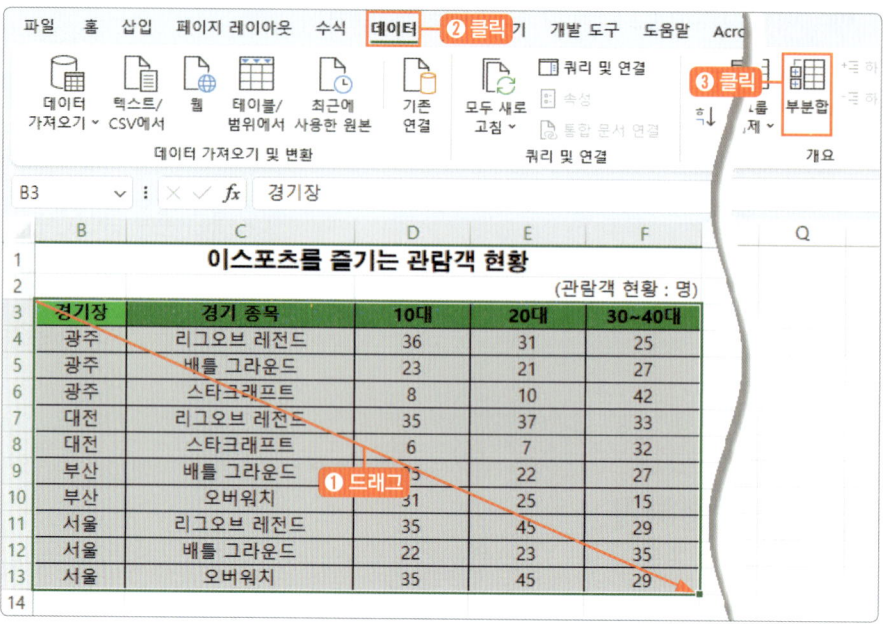

③ [부분합] 대화상자에서 그룹화할 항목(경기장), 사용할 함수(합계), 부분합 계산 항목(10대, 20대, 30~40대)를 지정한 후, <확인> 단추를 클릭합니다.

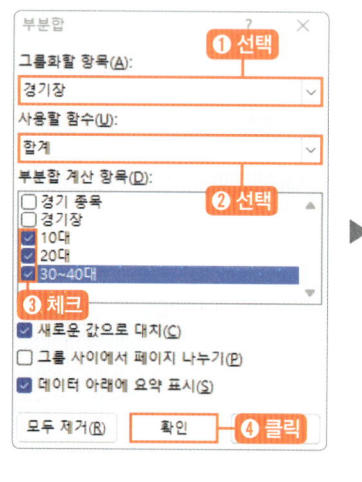 

4 2차 부분합 작성하기

❶ 경기장을 기준으로 연령별 관람객 인원 평균을 구하는 부분합을 만들어 보겠습니다.

❷ [B3:F18]을 선택한 후, [데이터] 탭-[개요] 그룹-'부분합(🔲)'을 클릭합니다.

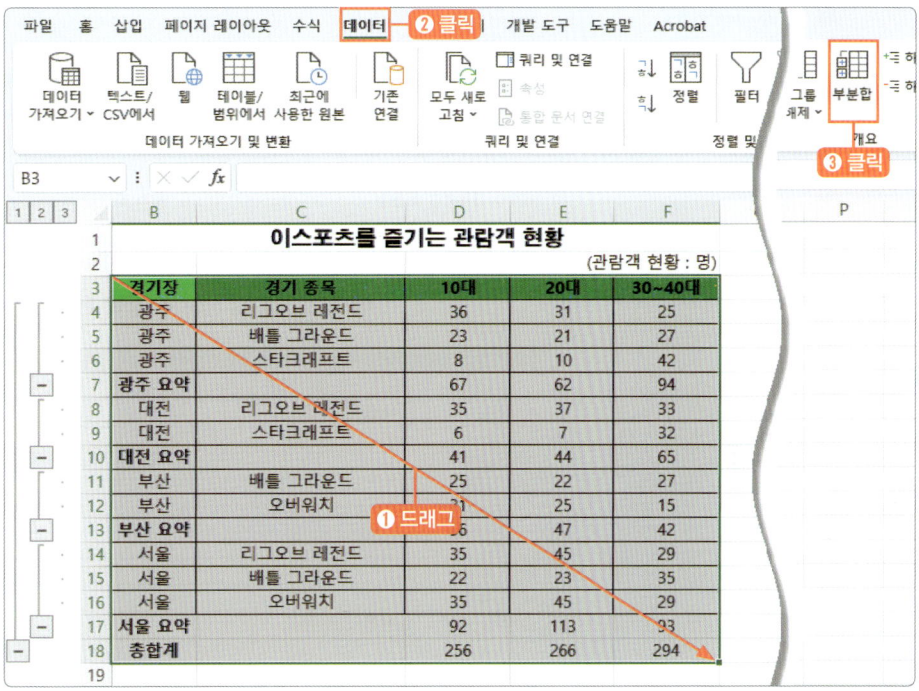

❸ [부분합] 대화상자에서 그룹화할 항목(경기장), 사용할 함수(평균), 부분합 계산 항목(10대, 20대, 30~40대)을 지정합니다. 이어서, '새로운 값으로 대치' 항목의 체크 표시를 해제한 후, <확인> 단추를 클릭합니다.

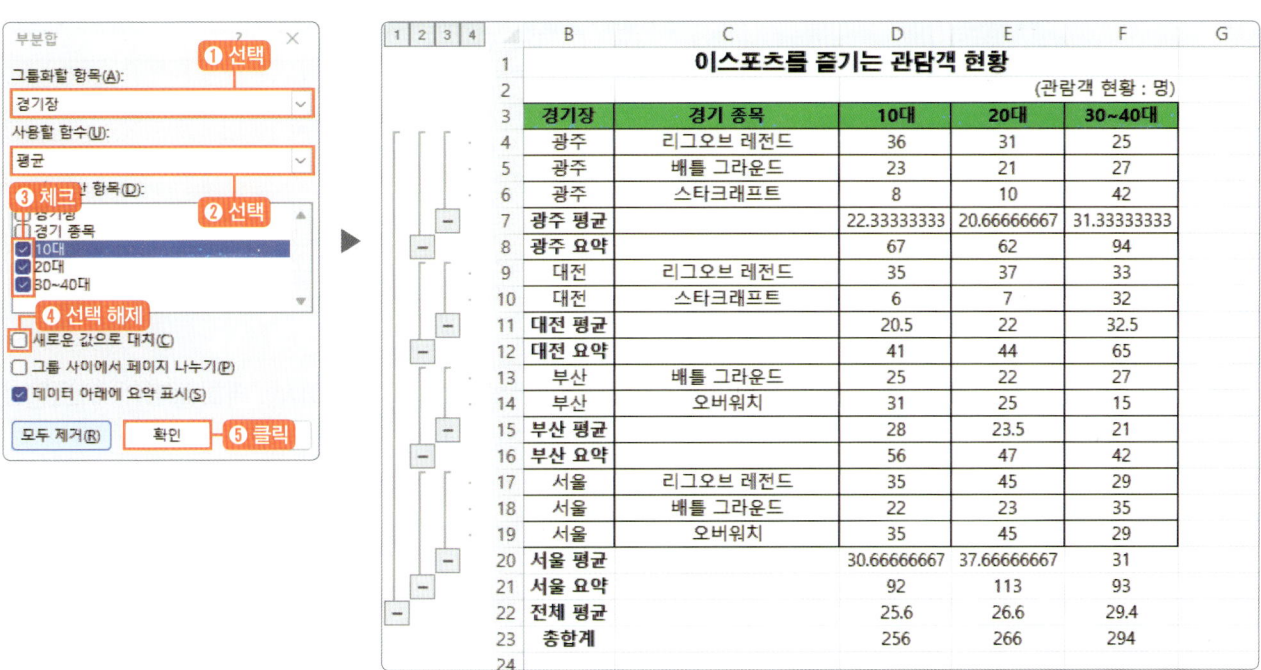

개요 지우기 및 부분합 삭제

❶ 개요는 부분합이 된 데이터를 결과만 볼 수 있도록 해주는 기능입니다.

❷ [데이터] 탭-[개요] 그룹-[그룹 해제]-'개요 지우기'를 선택합니다. 왼쪽에 있던 개요가 지워진 것을 확인할 수 있습니다.

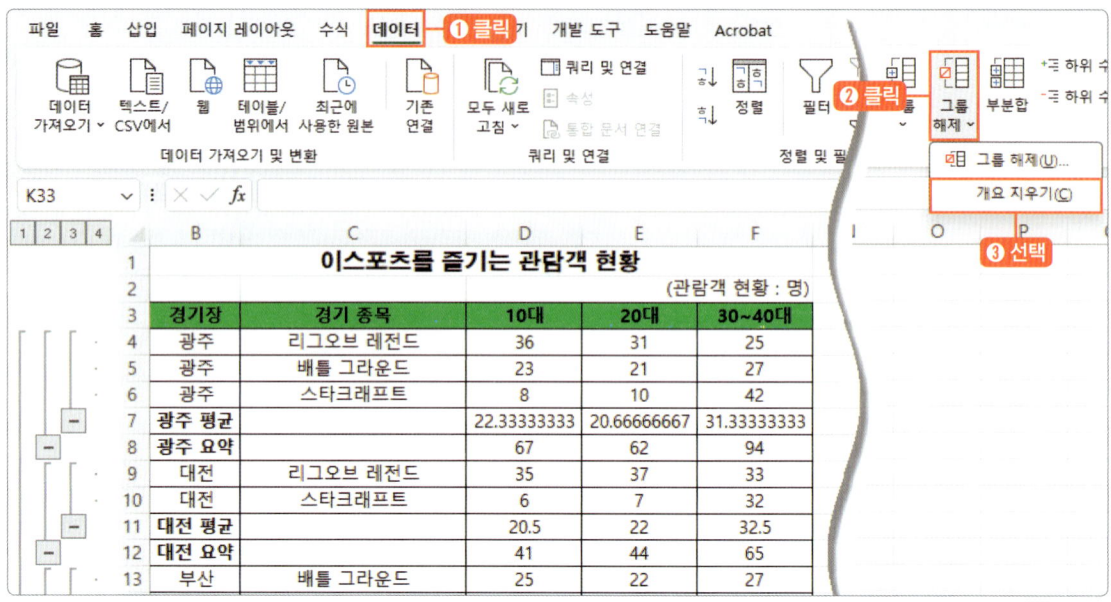

❸ [B3:F18]을 선택한 다음 [데이터] 탭-[개요] 그룹-'부분합(▦)'을 클릭합니다. 이어서, [부분합] 대화상자가 나오면 <모두 제거> 단추를 클릭하면 작성된 부분합을 모두 삭제할 수 있습니다.

❹ 모든 작업이 끝나면 [파일] 탭-[다른 이름으로 저장]을 클릭합니다. 이어서, 대화상자가 나오면 본인의 폴더에 파일 이름을 '이스포츠(완성)'으로 입력하고 <저장> 단추를 클릭합니다.

미션 수행하기

CHAPTER 15

■ 불러올 파일 : 미션수행 01.xlsx   ■ 완성된 파일 : 미션수행 01(완성).xlsx

1 '여가 공간'을 기준으로 데이터를 정렬한 후, 부분합으로 월별 총 모집인원과 평균 모집인원을 구하고, 개요를 지워 봅니다.

	A	B	C	D	E	F	G	H
1		함께하는 여가 활동 모집 현황						
2								
3		여가 공간	분야	3월	4월	5월	6월	
4		전시관	문화예술 관람활동	17	35	32	28	
5		전시관	관광활동	22	28	18	25	
6		전시관	사회 및 기타활동	18	25	28	26	
7		전시관 평균		19	29.3333	26	26.3333	
8		전시관 요약		57	88	78	79	
9		생활문화센터	취미오락활동	35	22	15	30	
10		생활문화센터	스포츠 참여활동	25	18	24	27	
19		도서관	취미오락활동	22	27	33	22	
20		도서관	사회 및 기타활동	21	23	25	32	
21		도서관 평균		22.6667	23.3333	25.3333	27.3333	
22		도서관 요약		68	70	76	82	
23		공연장	문화예술 참여활동	28	25	27	18	
24		공연장	문화예술 관람활동	32	22	20	28	
25		공연장	취미오락활동	28	18	22	25	
26		공연장 평균		29.3333	21.6667	23	23.6667	
27		공연장 요약		88	65	69	71	
28		전체 평균		24.5714	24	24.2143	26.5	
29		총합계		344	336	339	371	
30								

작업 순서

① [불러올 파일]-[CHAPTER 15]-'미션수행 01.xlsx'을 불러옵니다.

② [B3:G17] 영역을 '여가 공간'을 기준으로 '내림차순' 정렬합니다.

③ [부분합] 대화상자에서 그룹화할 항목(여가 공간), 사용할 함수(합계), 부분합 계산 항목(3월, 4월, 5월, 6월)을 지정하여 부분합을 구합니다.

④ 다시 [부분합] 대화상자에서 그룹화할 항목(여가 공간), 사용할 함수(평균), 부분합 계산 항목(3월, 4월, 5월, 6월)을 지정하고 '새로운 값으로 대치' 항목의 체크 표시를 해제 합니다.

⑤ [개요] 그룹에서 개요를 지웁니다.

⑥ 모든 작업이 끝나면 저장합니다.

CHAPTER 16
우리의 건강을 지켜주는 바이오 기술

- SmartArt 그래픽 활용 방법에 대해 알아봅니다.
- 바이오 기술에 대한 정보를 시각적으로 표현합니다.

■ 불러올 파일 : 바이오 기술.xlsx   ■ 완성된 파일 : 바이오 기술(완성).xlsx

완성작품 미리보기   { 오늘 배울 기능 }
                                                              스마트 아트

테마 미래 직업 – 바이오

1. **생명 공학자** : 생물체의 현상과 원리를 연구해 인간 생명에 도움 되는 일을 합니다.
2. **바이오 의약품 개발 전문가** : 생명체에서 얻은 물질을 이용해 인간을 치료하는 약을 개발합니다.
3. **생물 정보 분석가** : 인간은 물론 동·식물의 유전자 속 정보를 수집하고 분석합니다.
4. **생체 인식 전문가** : 사람 몸의 특정 부분을 이용해 비밀번호 장치를 만듭니다.

스마트 아트 삽입하기

❶ 바탕화면의 Excel 아이콘을 실행한 다음 [불러올 파일]-[CHAPTER 16]-'바이오 기술.xlsx' 파일을 불러옵니다.

❷ [삽입] 탭-[일러스트레이션] 그룹-'SmartArt(SmartArt)'를 클릭합니다. 이어서, [SmartArt 그래픽 선택]-[그림]-'그림 설명 벤딩 목록형'을 선택한 다음 <확인> 단추를 클릭합니다.

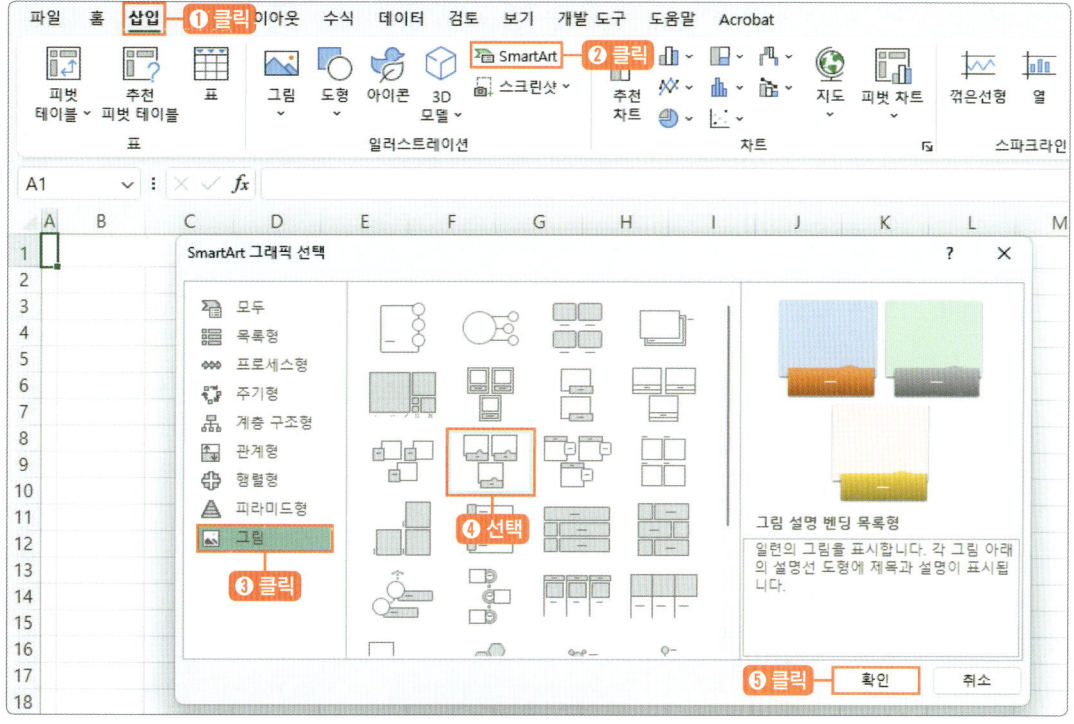

❸ 스마트 아트를 [B3:K18] 영역에 크기 및 위치를 조절합니다.

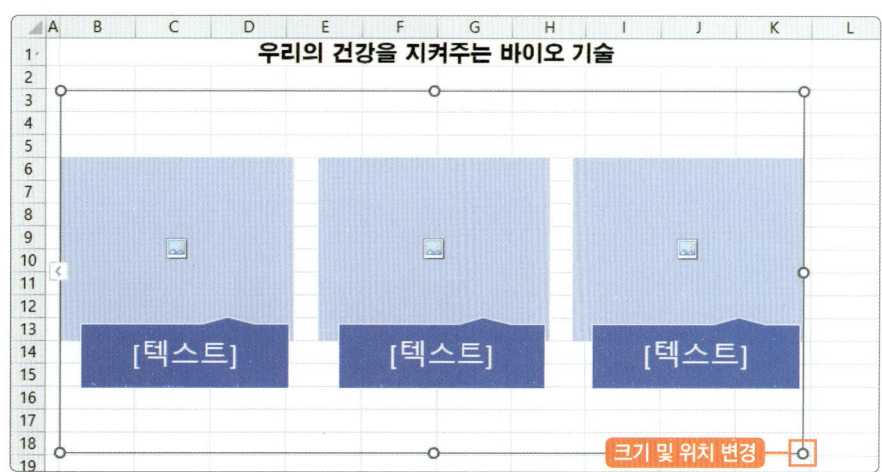

- 도형이 추가로 필요한 경우 [SmartArt 디자인] 탭-[그래픽 만들기] 그룹-'도형 추가'를 클릭하여 도형을 추가 하거나, '수준 올리기', '수준 내리기'로 도형의 위치를 바꿀 수 있습니다.

❹ 다음과 같이 내용을 입력한 다음 서식을 적용합니다.

※ 글꼴(HY견고딕), 제목 크기(16pt), 내용 크기(12pt)

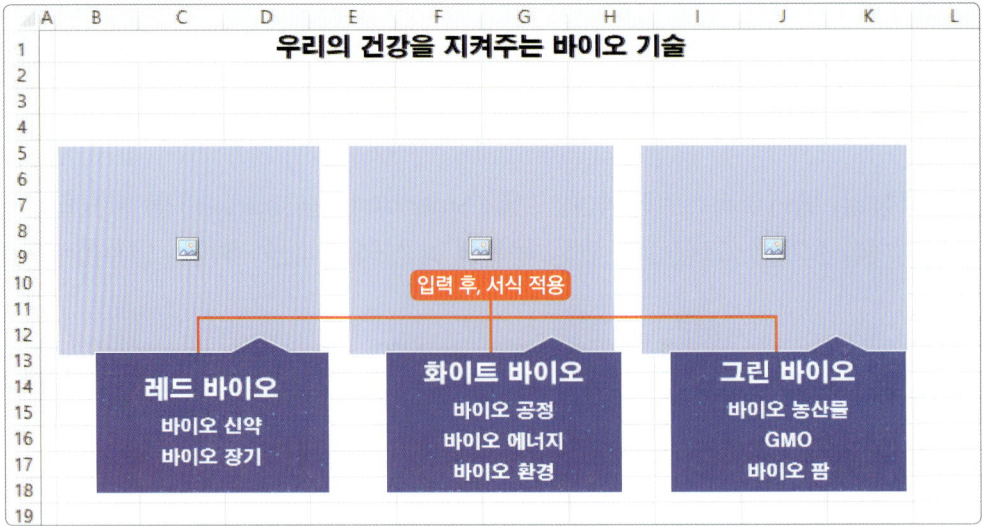

❺ Shift 키를 누르면서 입력된 상자를 클릭합니다. 이어서, 상자의 크기와 위치를 다음과 같이 조절합니다.

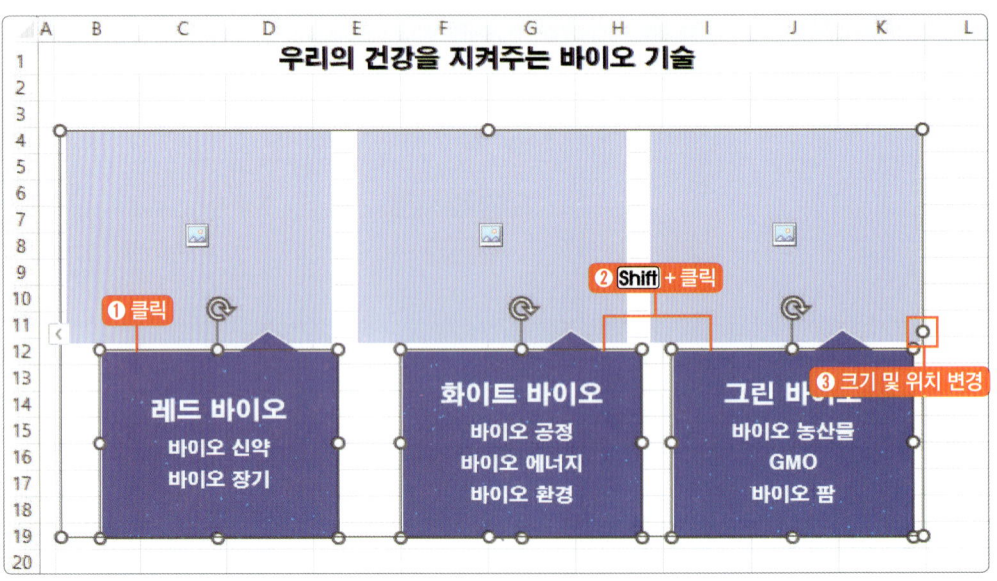

TIP
- 상자를 선택하고 키보드의 방향키로 세밀하게 위치를 조절할 수 있습니다.

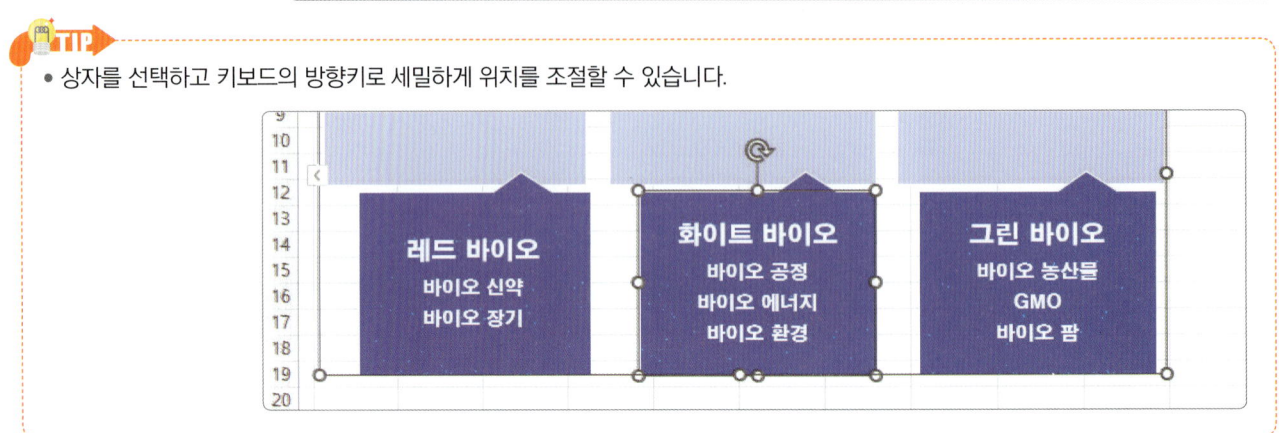

2 그림 삽입 및 SmartArt 스타일 적용하기

① 스마트 아트의 그림 삽입() 단추를 클릭한 다음 [파일에서]-[불러올 파일]-[CHAPTER 16]-'레드바이오.jpg'를 선택하고 <삽입> 단추를 클릭합니다.

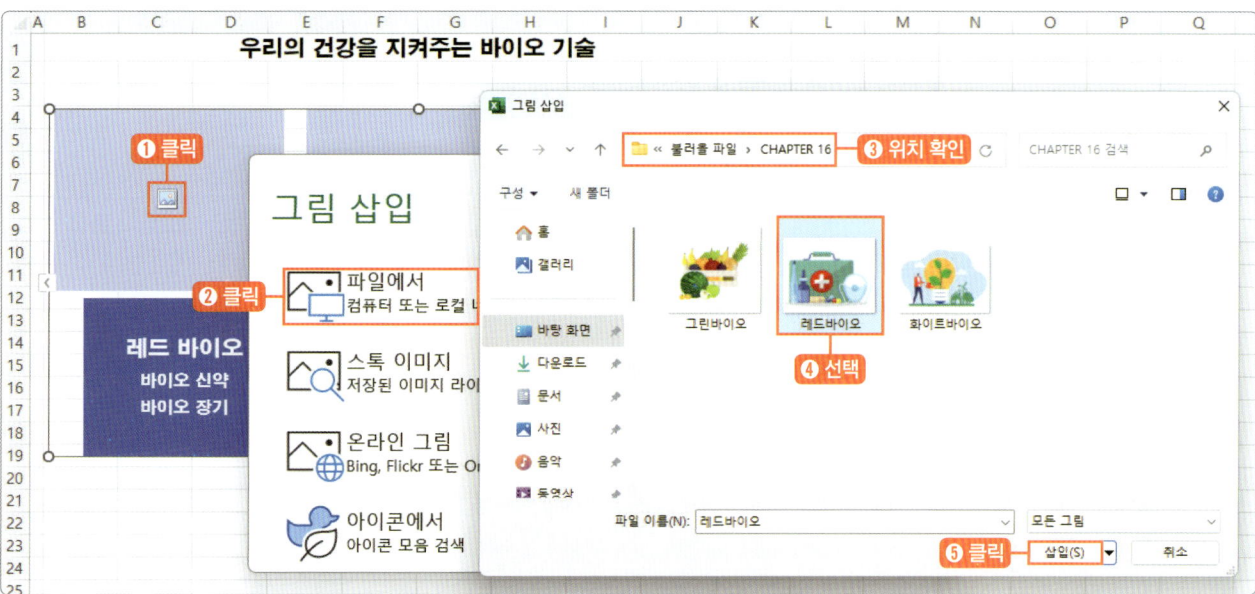

② 같은 방법으로 '화이트바이오.jpg', '그린바이오.jpg'도 삽입합니다.

❸ 스마트 아트를 클릭한 다음 [SmartArt 디자인] 탭-[SmartArt 스타일] 그룹-[색 변경]-'색상형 - 강조색'을 선택합니다.

❹ 빠른 스타일의 자세히 단추(▼)를 클릭하여 [3차원]-'만화'를 선택합니다.

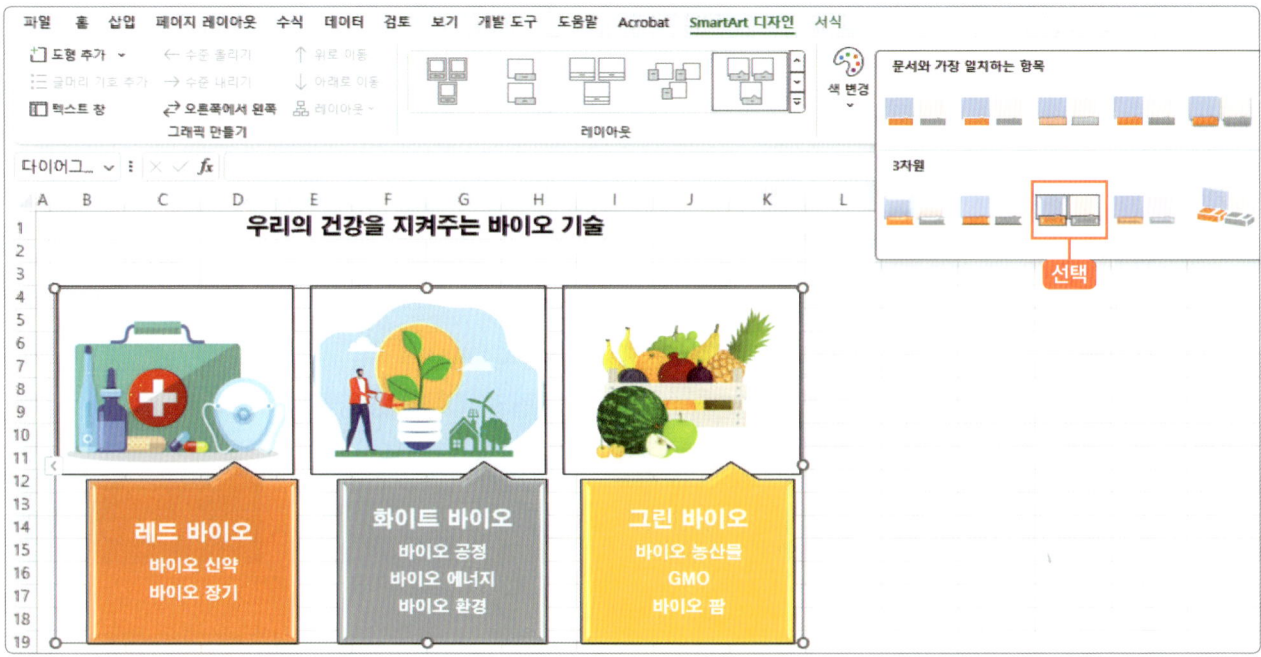

❺ 모든 작업이 끝나면 [파일] 탭-[다른 이름으로 저장]을 클릭합니다. 이어서, 대화상자가 나오면 본인의 폴더에 파일 이름을 '바이오 기술(완성)'으로 입력하고 <저장> 단추를 클릭합니다.

CHAPTER 16

📁 불러올 파일 : 미션수행 01.xlsx   📁 완성된 파일 : 미션수행 01(완성).xlsx

① 바다의 바이오 산업에 대한 정보를 SmartArt를 활용하여 시각적으로 표현합니다.

작업 순서

① [불러올 파일]-[CHAPTER 16]-'미션수행 01.xlsx'을 불러옵니다.
② [SmartArt 그래픽 선택]-'계층 구조 목록형'을 선택합니다.
③ [그래픽 만들기] 그룹에서 '도형 추가', '수준 올리기'를 클릭하여 도형을 추가하거나 위치를 옮겨줍니다.
④ 내용을 입력하고 원하는 글꼴 및 글자 크기를 선택합니다.
⑤ [SmartArt 스타일] 그룹에서 원하는 색상 및 빠른 스타일을 선택합니다.
⑥ 모든 작업이 끝나면 저장합니다.

CHAPTER 17
신재생 에너지로 지구를 지켜요.

- 자동 필터를 슬라이서 단추로 추가해 봅니다.
- 테마로 색을 변경해 봅니다.
- 워크시트의 이름을 변경하고, 워크시트의 색을 적용해 봅니다.

■ 불러올 파일 : 신재생 에너지.xlsx   ■ 완성된 파일 : 신재생 에너지(완성).xlsx

 **완성작품 미리보기**

{ 오늘 배울 기능 }
슬라이서, 테마, 워크시트 관리

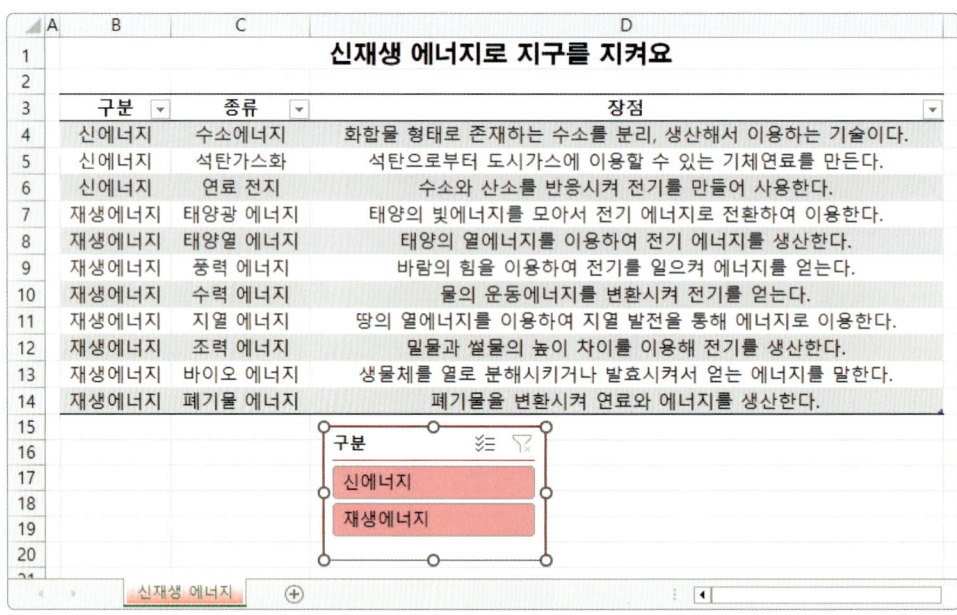

 **테마 미래 직업 - 에너지**

1. 신재생에너지 전문가 : 지구를 살리는 착한 에너지를 자연에서 찾습니다.
2. 기후변화 대응 전문가 : 기후변화를 예측하고 대응하기 위한 대책을 내놓습니다..
3. 스마트 그리드 엔지니어 : 값비싼 전기를 효율적으로 생산·소비하는 일을 책임집니다.
4. 해양 에너지 기술자 : 바다의 자원을 활용할 수 있는 방법과 기술을 개발합니다.

내용 입력 및 표 서식 적용하기

❶ 바탕화면의 Excel 아이콘을 실행한 다음 [불러올 파일]-[CHAPTER 17]-'신재생 에너지.xlsx' 파일을 불러옵니다.

❷ 파일이 열리면 다음과 같이 내용을 입력합니다.

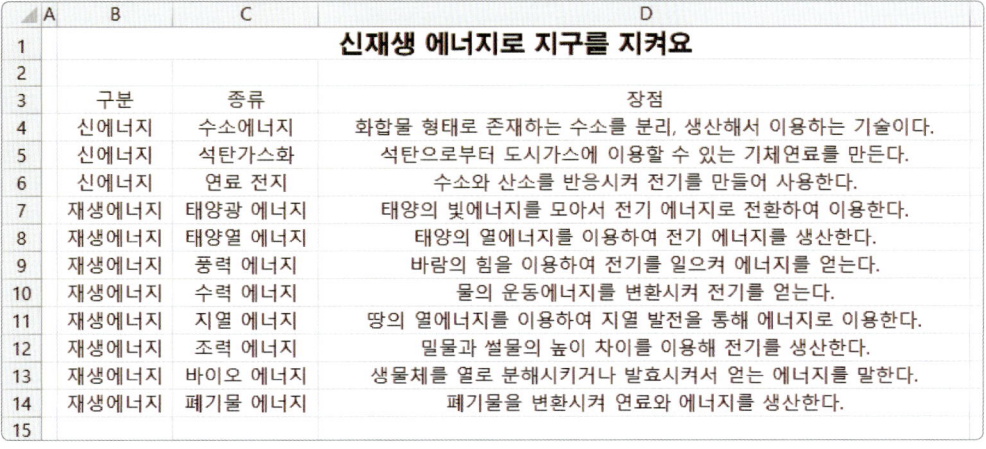

❸ [B3:D14] 영역을 선택한 다음 [홈] 탭-[스타일] 그룹-[표 서식(￼)]-[밝게]-'흰색, 표 스타일 밝게 1'을 선택합니다.

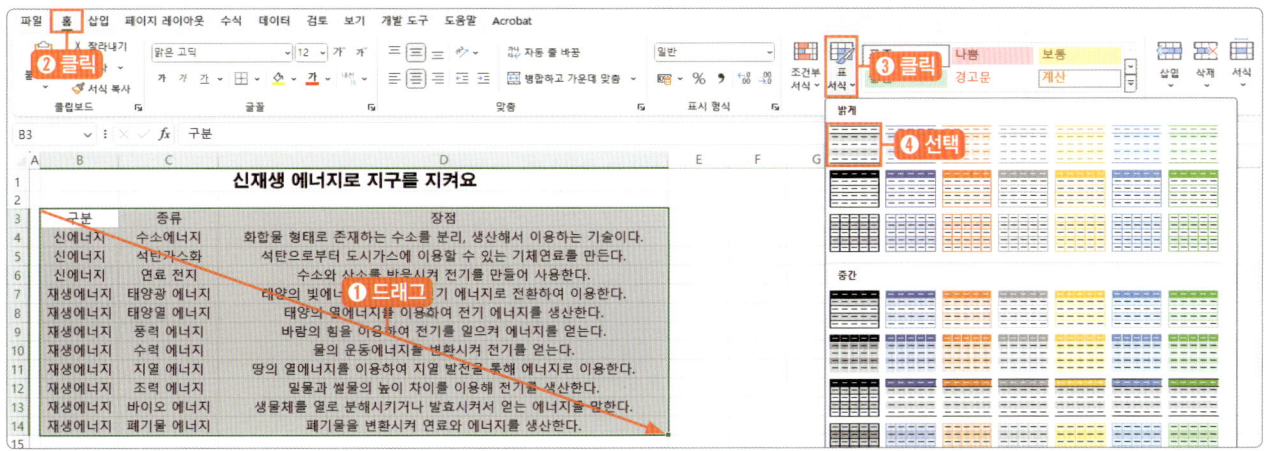

❹ [표 만들기] 대화 상자에서 '머리글 포함'이 체크 된 것을 확인한 다음 <확인> 단추를 클릭합니다. 이어서, 표 서식에 자동 필터가 적용된 것을 확인합니다.

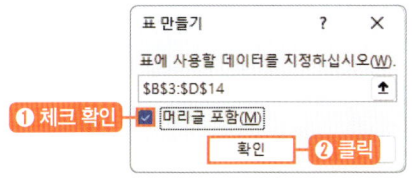

2 슬라이서로 자동 필터 단추 만들기

① 표 안의 셀을 클릭하고, [테이블 디자인] 탭–[도구] 그룹–[슬라이서 삽입()]을 클릭합니다.

② [슬라이서 삽입] 대화상자에서 '구분'을 체크한 다음 <확인> 단추를 클릭합니다.

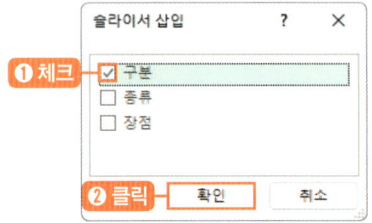

③ [구분] 슬라이서 창이 생성되면 <신에너지> 단추 및 <재생 에너지> 단추를 클릭하여 '구분'이 자동 필터 되는 것을 확인 할 수 있습니다.

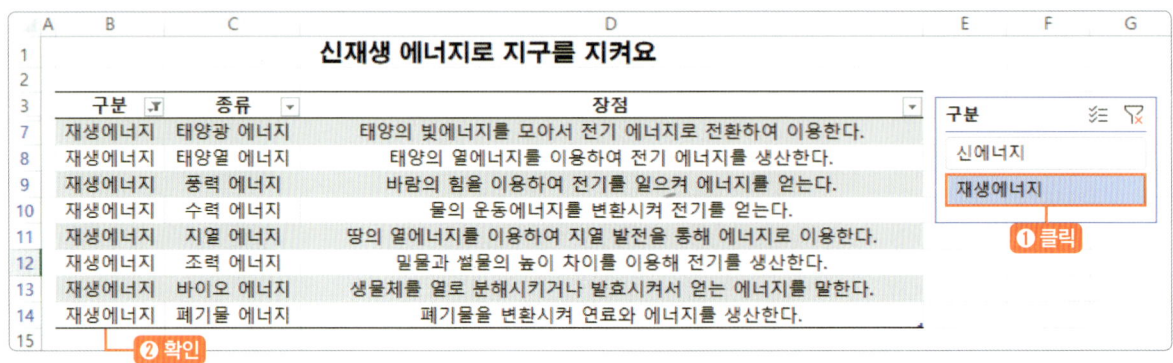

④ 필터를 해제할 때는 [구분] 슬라이서 창의 <필터 해제()> 단추를 클릭합니다.

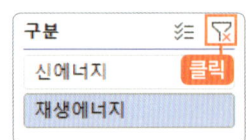

> **TIP**
> • 슬라이서는 표, 피벗 테이블, 피벗 차트에 적용되는 자동 필터 기능입니다. 따라서 표에 자동 필터가 되어 있어야 슬라이서 기능을 적용할 수 있습니다.

3 테마 적용하기

❶ [페이지 레이아웃] 탭-[테마] 그룹-[테마( )]-'갤러리'를 선택합니다.

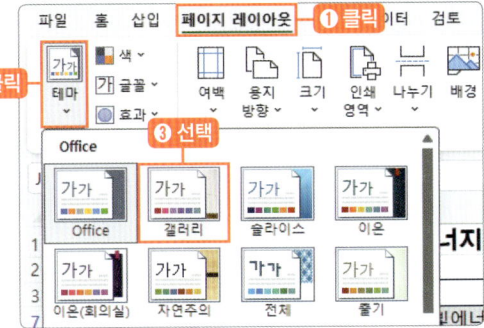

> TIP
> • 테마는 워크시트의 색, 글꼴, 그래픽 서식 효과를 빠르게 적용할 수 있는 기능입니다.

❷ [구분] 슬라이서 창에 '갤러리' 테마가 적용된 것을 확인 할 수 있습니다.

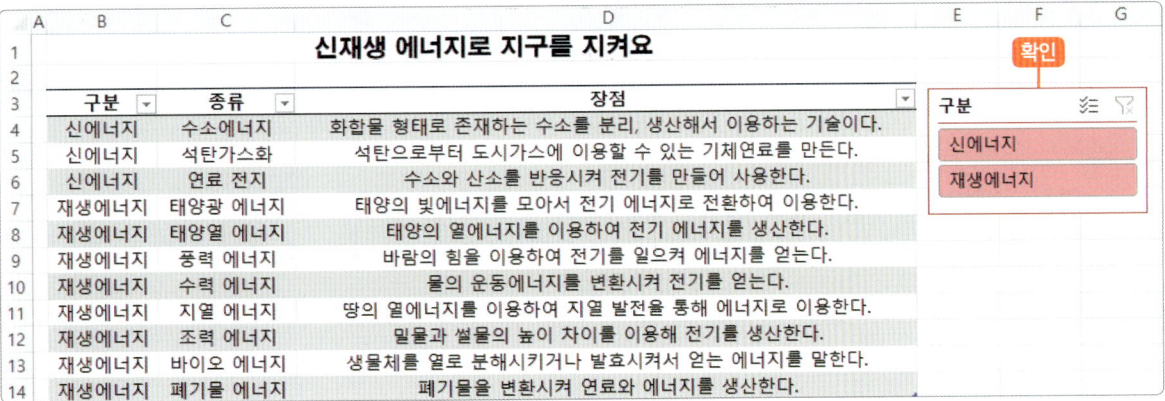

4 워크시트 이름 및 색 변경하기

❶ 워크시트 하단의 'Sheet1' 글자를 더블클릭하고 '신재생 에너지'를 입력합니다.

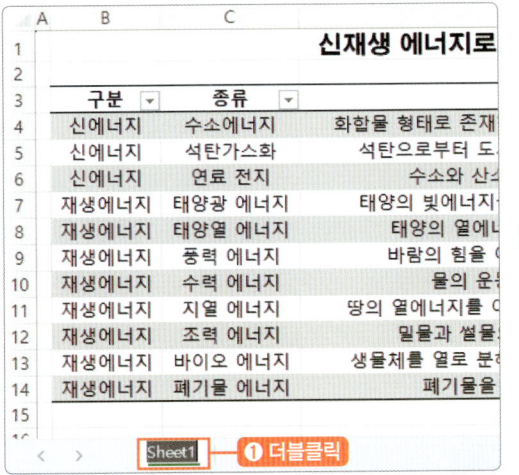 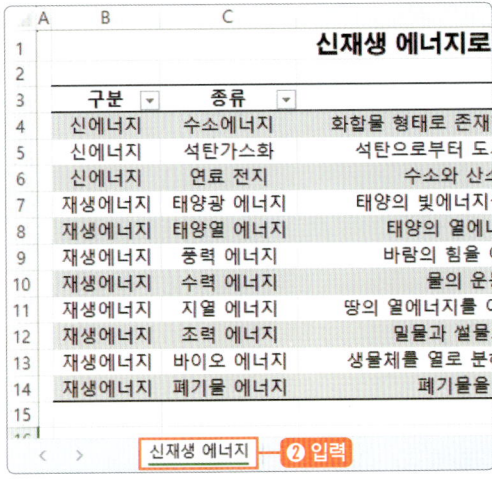

❷ 워크시트 이름 위에 마우스 오른쪽 단추를 눌러 [탭 색]-'빨강'을 선택합니다. 워크시트의 색이 바뀐 것을 확인할 수 있습니다.

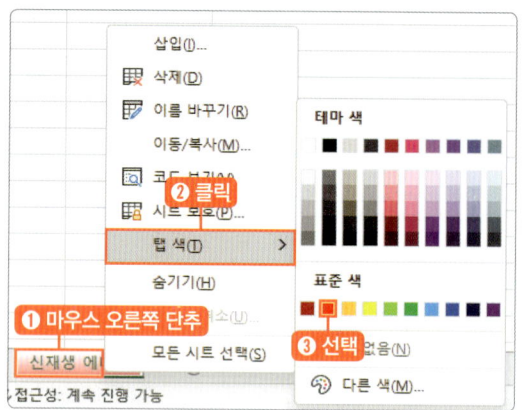

TIP
- 현재 워크시트의 색은 선택된 상태이기 때문에 색상이 다르게 보입니다. 워크시트의 색을 확인하려면 다른 시트를 선택하거나 새로운 시트를 만들면 워크시트의 색이 보입니다.

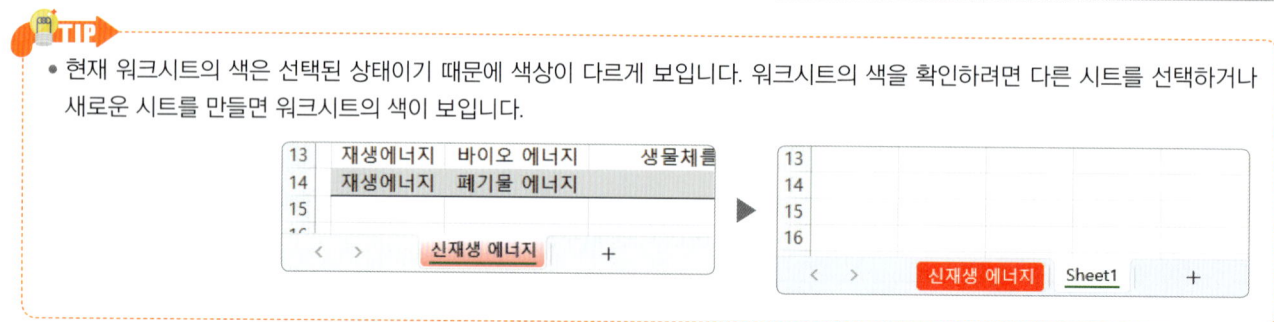

❸ 모든 작업이 끝나면 [파일] 탭-[다른 이름으로 저장]을 클릭합니다. 이어서, 대화상자가 나오면 본인의 폴더에 파일 이름을 '신재생 에너지(완성)'으로 입력하고 <저장> 단추를 클릭합니다.

CHAPTER 17

📁 불러올 파일 : 미션수행 01.xlsx   📁 완성된 파일 : 미션수행 01(완성).xlsx

 '표 서식'을 적용하고, '주체' 슬라이서 자동 필터 단추를 추가합니다. 시트 이름을 '에너지 전환'으로 바꾸고, 탭 색을 설정합니다.

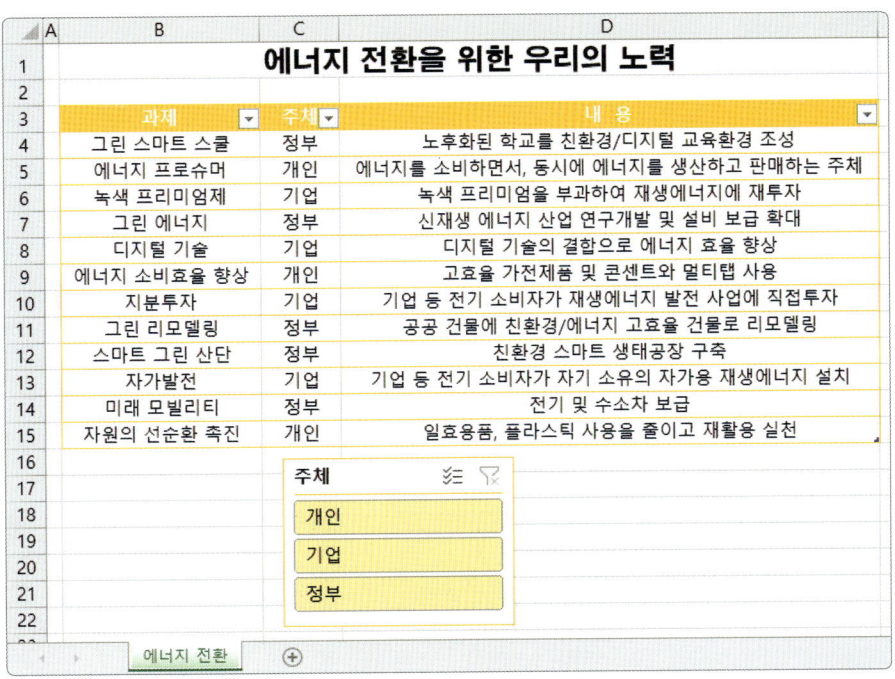

작업 순서

① [불러올 파일]-[CHAPTER 17]-'미션수행 01.xlsx'을 불러옵니다.

② [표 서식]을 적용하고, [슬라이서]를 삽입합니다.

③ 'Sheet1'을 더블클릭하여 '에너지 전환'을 입력합니다.

④ [탭 색]에서 원하는 색으로 바꿔 줍니다.

⑤ 모든 작업이 끝나면 저장합니다.

CHAPTER 18
우리의 정보를 스마트하게 지켜주세요.

- 고급 필터의 조건을 지정할 수 있습니다.
- 고급 필터로 조건에 맞는 데이터만 필터링할 수 있습니다.

■ 불러올 파일 : 정보 보안.xlsx   ■ 완성된 파일 : 정보 보안(완성).xlsx

완성작품 미리보기

오늘 배울 기능

고급 필터

	A	B	C	D	E	F	G
1				우리의 정보를 스마트하게 지켜주세요.			
2							
3		이름	나이	성별	분야	업종	
4		장미화	28	여	네트워크 보안	농림수산업	
5		신동엽	35	남	시스템 보안	제조업	
6		박정보	29	남	보안관리	건설업	
7		백종원	22	남	시스템 보안	도매 및 소매업	
8		지석진	26	남	인증 보안	운수업	
9		박우리	32	여	보안관리	숙박 및 음식점업	
10		유재석	35	남	네트워크 보안	금융 및 보험업	
11		박보안	36	여	시스템 보안	부동산 및 임대업	
12		강호동	27	남	인증 보안	전문, 과학 및 기술업	
13							
14		이름					
15		박*					
16							
17		이름	나이	성별	분야	업종	
18		박정보	29	남	보안관리	건설업	
19		박우리	32	여	보안관리	숙박 및 음식점업	
20		박보안	36	여	시스템 보안	부동산 및 임대업	
21							

고급필터1 | 고급필터2 | 고급필터3

테마 미래 직업 - 안전

1. **정보 보호 전문가** : 정보 보호 수준을 진단하고 중요한 정보를 보호하기 위한 해결 방안을 제시합니다.
2. **디지털 포렌식 수사관** : 휴대폰·PC·서버 등에서 데이터를 수집하고 분석하여 범죄 수사에 활용합니다.
3. **블록체인 전문가** : 누구도 정보를 조작할 수 없도록 하는 블록체인 기술을 개발합니다.
4. **스마트 재난 관리 전문가** : 스마트 기기를 활용해서 재난을 효과적으로 대응합니다.
5. **지식재산 전문가** : 특허, 브랜드, 디자인 등 지적 활동으로 발생하는 지식재산을 보호해 줍니다.

1 내용 입력하기

① 바탕화면의 Excel 아이콘을 실행한 다음 [불러올 파일]-[CHAPTER 18]-'정보 보안.xlsx' 파일을 불러옵니다.

② 파일이 열리면 다음과 같이 내용을 입력합니다.

2 하나의 조건으로 필터링 하기

① 고급 필터 기능으로 이름이 '박'씨 성인 데이터만 필터링 되도록 해보겠습니다.

② [고급필터1] 시트의 [B3] 셀을 클릭하고 Ctrl + C 키를 누른 후, [B14] 셀에 Ctrl + V 키를 이용하여 붙여넣기 합니다. 이어서, [B15] 셀에 '박*'를 입력합니다.

❸ [B3:F12] 영역에서 임의의 셀을 클릭한 후, [데이터] 탭-[정렬 및 필터] 그룹-[고급( )]을 클릭합니다.

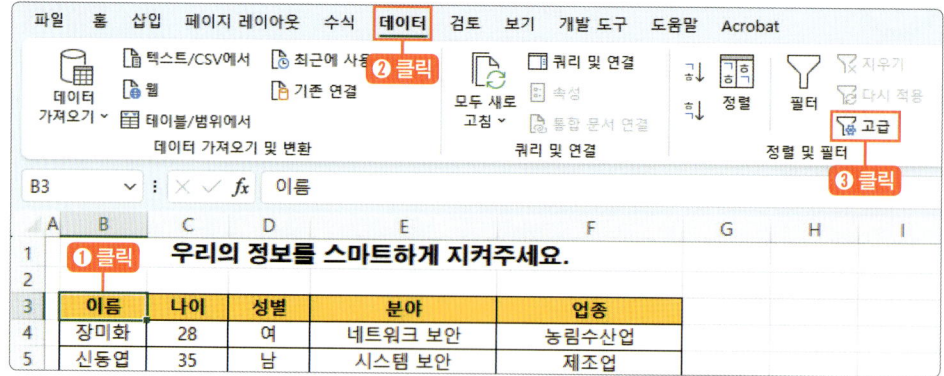

❹ [고급 필터] 대화상자가 나오면 '목록 범위', '조건 범위'를 지정한 다음 '다른 장소에 복사'를 선택하여 복사 위치 입력 창에 '복사 위치'를 지정한 후, <확인> 단추를 클릭합니다.

※ 범위를 마우스로 지정합니다.
※ 목록 범위 – [B3:F12] : 추출할 데이터 범위
※ 조건 범위 – [B14:B15] : 조건이 입력된 범위
※ 복사 위치 – [B17] : 필터링 데이터 복사될 위치

❺ '박'씨 성인 데이터만 필터링된 것을 확인할 수 있습니다.

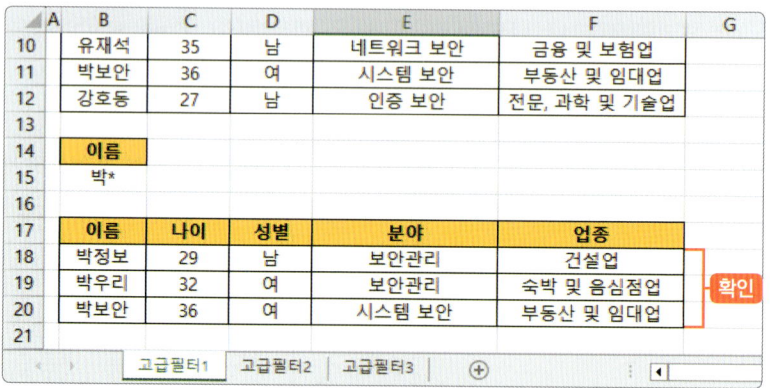

> **TIP**
>
> • 고급 필터 조건을 입력할 때는 아래의 자료를 활용할 수 있습니다.
>   - **비교 연산자** : =(같다), <>(같지 않다), >=(이상), <=(이하), >(초과), <(미만)
>   - **별표(*)** : 모든 문자를 찾을 때
>   '가'로 시작하는 모든 문자   *가 : '가'로 끝나는 모든 문자   *가* : '가'를 포함하는 모든 문자
>   - **물음표(?)** : 글자 수를 표현할 때
>   가? : '가'로 시작하는 두 글자   ??가 : '가'로 끝나는 세 글자
>   - **논리 연산자** : AND(~이고, ~이면서), OR(~또는, ~이거나)

3 두 개의 조건으로 필터링 하기(AND 조건 : ~이고, ~이면서)

❶ 두 가지 조건으로 '나이가 30세 이상이고 성별이 여자'인 데이터를 '이름, 분야, 업종'을 필터링 해보도록 하겠습니다.

❷ [고급필터2] 시트의 [C3:D3] 셀을 선택하고 Ctrl + C 키를 누른 후, [B14] 셀에 Ctrl + V 키를 이용하여 붙여넣기 합니다. 이어서, [B15] 셀에 '>=30'을 입력하고 [C16] 셀에 '여'를 입력합니다.

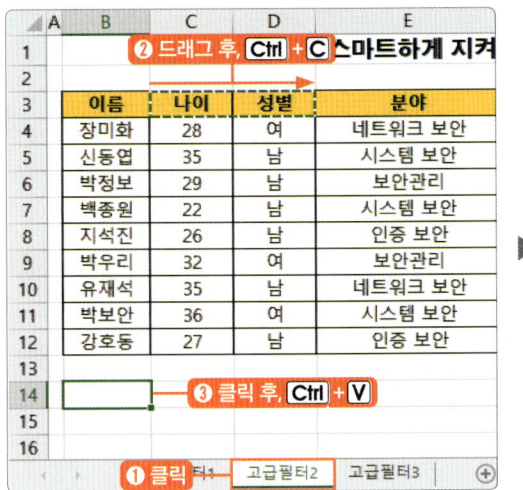

❸ 특정 필드(이름, 분야, 업종)의 데이터만 추출하기 위하여 [B3], [E3], [F3] 영역을 복사(Ctrl + C)한 후, [D17] 셀에 붙여넣기(Ctrl + V) 합니다.

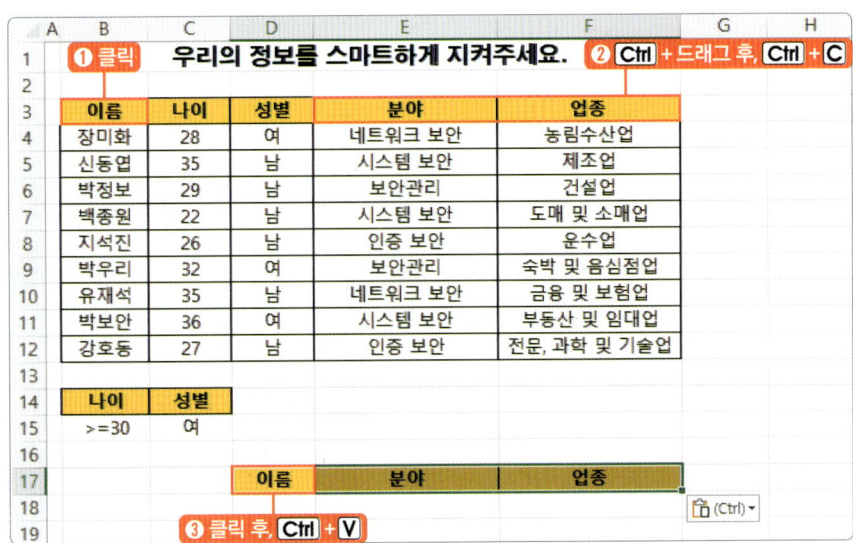

❹ [B3:F12] 영역에서 임의의 셀을 선택한 후, [데이터] 탭-[정렬 및 필터] 그룹-[고급( )]을 클릭합니다.

❺ [고급 필터] 대화 상자가 나오면 '목록 범위', '조건 범위'를 지정하고, '다른 장소에 복사'를 선택하여 복사 위치 입력 창에 '복사 위치'를 지정한 후, <확인> 단추를 클릭합니다.

※ 고급 필터 범위
목록 범위 – [B3:F12]
조건 범위 – [B14:C15]
복사 위치 – [D17:F17]

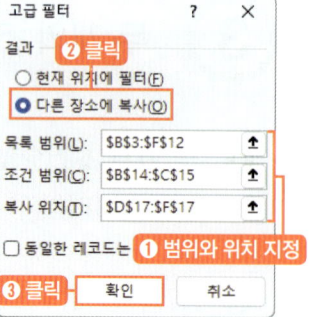

❻ '나이가 30세 이상이고, 성별이 여자'인 '이름, 분야, 업종' 필드가 필터링된 것을 확인 할 수 있습니다.

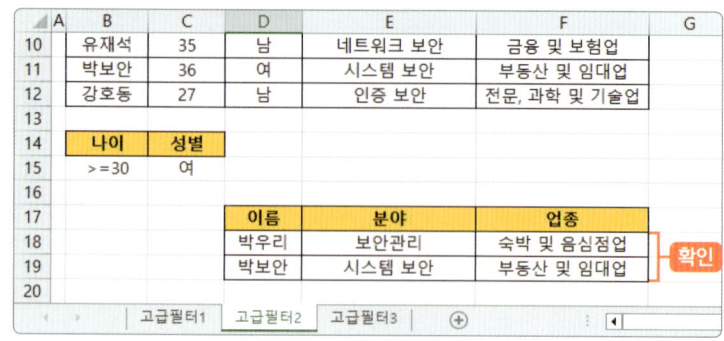

4 두 개의 조건으로 필터링 하기(OR 조건 : ~또는, ~이거나)

❶ 두 가지 조건으로 '나이가 25세 이하이거나, 분야가 시스템 보안'인 데이터를 '이름, 성별, 업종'을 필터링 해보도록 하겠습니다.

> **TIP**
> • AND 조건 – 조건을 같은 행에 입력 : 두 가지 조건을 모두 만족해야만 결과를 표시
> • OR 조건 – 조건을 다른 행에 입력 : 두 가지 조건 중 하나만 만족해도 결과를 표시

❷ [고급필터3] 시트의 [C3], [E3] 셀을 복사(Ctrl + C)한 후, [D14] 셀에 붙여넣기(Ctrl + V) 합니다. 이어서, [D15] 셀에 '<=25'을 입력한 다음 [E16] 셀에 '시스템 보안'을 입력합니다.

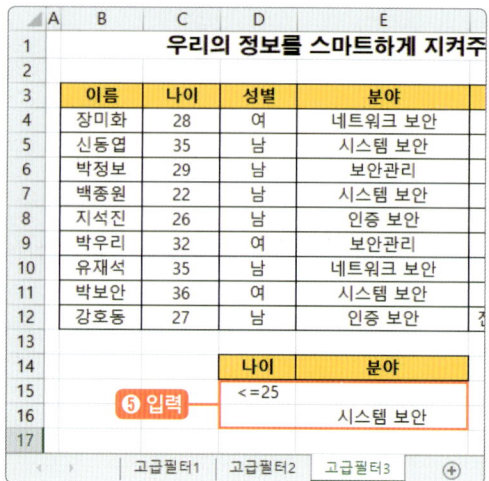

❸ 특정 필드(이름, 성별, 업종)의 데이터만 추출하기 위하여 [B3], [D3], [F3] 영역을 복사(Ctrl + C)한 후, [D18] 셀에 붙여넣기(Ctrl + V) 합니다.

❹ [B3:F12] 영역에서 임의의 셀을 선택한 후, [데이터] 탭-[정렬 및 필터] 그룹-[고급( )]을 클릭합니다.

❺ [고급 필터] 대화 상자가 나오면 '목록 범위', '조건 범위'를 지정한 다음 '다른 장소에 복사'를 선택하여 복사 위치 입력 창에 '복사 위치'를 지정한 후, <확인> 단추를 클릭합니다.

※ 고급 필터 범위
목록 범위 – [B3:F12]
조건 범위 – [D14:E16]
복사 위치 – [D18:F18]

❻ '나이가 25세 이하이고, 분야가 시스템보안'인 '이름, 성별, 업종' 필드가 필터링된 것을 확인 할 수 있습니다.

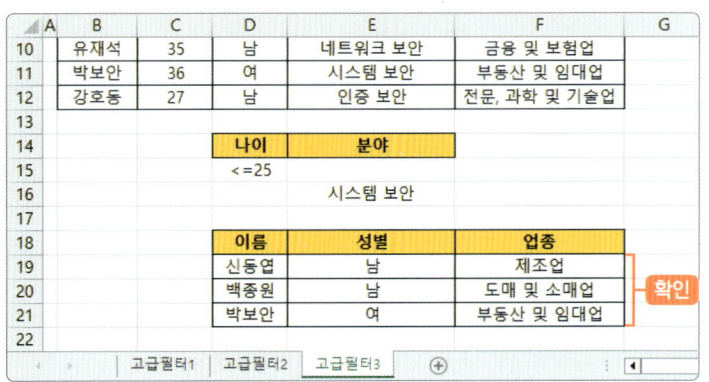

❼ 모든 작업이 끝나면 [파일] 탭-[다른 이름으로 저장]을 클릭합니다. 이어서, 대화상자가 나오면 본인의 폴더에 파일 이름을 '정보 보안(완성)'으로 입력하고 <저장> 단추를 클릭합니다.

CHAPTER 18

■ 불러올 파일 : 미션수행 01.xlsx   ■ 완성된 파일 : 미션수행 01(완성).xlsx

 고급 필터의 조건을 함수를 사용하여 필터링 해봅니다.

	A	B	C	D	E
1		컴퓨터 바이러스와 악성코드에 대해 알아 보아요!			
2					
3		종류	구분	특징	감염 비율
4		바이러스	컴퓨터 바이러스	스스로 복제하여 컴퓨터를 감염시키는 컴퓨터 프로그램	29%
5		웜	컴퓨터 바이러스	자기 자신을 복제하면서 컴퓨터 시스템을 파괴하는 프로그램	5%
6		스파이웨어	악성코드	컴퓨터의 중요 정보를 수집하려는 목적으로 만든 프로그램	2%
7		트로이목마	악성코드	정상적인 프로그램으로 위장해 시스템에 접근하는 악성프로그램	34%
8		랜섬웨어	악성코드	시스템을 잠그거나 데이터를 암호화하는 악성프로그램	18%
9		해킹툴	악성코드	해킹에 악용되는 악성 프로그램	12%
10					
11		조건			
12		FALSE			
13					
14		종류	구분	특징	감염비율
15		트로이목마	악성코드	정상적인 프로그램으로 위장해 시스템에 접근하는 악성프로그램	34%
16					

작업 순서

① [불러올 파일]-[CHAPTER 18]-'미션수행 01.xlsx'을 불러옵니다.

② '구분이 악성코드이고, 감염 비율이 20%이상'인 데이터를 필터링합니다.

③ [B12] 셀에 조건(=AND(C3="악성코드",E4>=20%)을 입력합니다.

④ 고급 필터로 [B14]셀에 결과를 필터링 합니다.

⑤ 작업이 완료되면 저장합니다.

TIP

- 함수로 조건을 입력할 때는 함수 마법사를 활용하면 쉽게 이해할 수 있습니다.
    - [불러올 파일]-[CHAPTER 18]-'미션수행 01.xlsx'을 불러옵니다.
    - '구분이 악성코드이고, 감염 비율이 20%이상'인 데이터를 필터링 합니다.
    - [B12] 셀에 조건(=AND(C3="악성코드",E4>=20%)을 입력합니다.

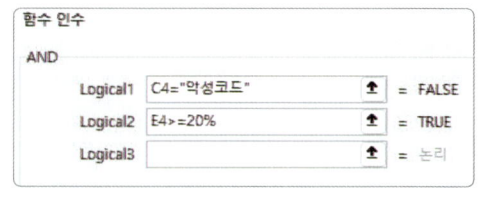

MEMO

CHAPTER 19
건강을 위해 어떤 것을 신경 쓸까요?

- 피벗 테이블로 데이터를 계산, 요약 및 분석할 수 있습니다.
- 피벗 테이블을 다룰 수 있는 방법을 알 수 있습니다.

■ 불러올 파일 : 건강 관리.xlsx   ■ 완성된 파일 : 건강 관리(완성).xlsx

완성작품 미리보기

오늘 배울 기능

피벗 테이블

	A	B	C	D	E	F	G	H
1								
2				유지 방법				
3		건강 관리 목록	값	영양제	운동	음식 관리	휴식	
4		수면 습관	평균 : 20대(단위 : %)	**	**	**	26.9	
5			평균 : 60대(단위 : %)	**	**	**	21.3	
6		식습관	평균 : 20대(단위 : %)	**	**	33.3	**	
7			평균 : 60대(단위 : %)	**	**	39.1	**	
8		질병/질환 예방	평균 : 20대(단위 : %)	16.1	**	**	**	
9			평균 : 60대(단위 : %)	45.7	**	**	**	
10		체중 관리	평균 : 20대(단위 : %)	**	37.9	**	**	
11			평균 : 60대(단위 : %)	**	39.1	**	**	
12		통증 완화/관리	평균 : 20대(단위 : %)	8.6	**	**	**	
13			평균 : 60대(단위 : %)	13.7	**	**	**	
14		피로 회복	평균 : 20대(단위 : %)	**	**	**	33.3	
15			평균 : 60대(단위 : %)	**	**	**	16.8	
16		전체 평균 : 20대(단위 : %)		12.4	37.9	33.3	30.1	
17		전체 평균 : 60대(단위 : %)		29.7	39.1	39.1	19.1	
18								

테마 미래 직업 - 건강

1. 의료 기기 개발 전문가 : 환자의 건강 증진을 위해 의료 기기를 설계하고 개발합니다.
2. 노인 전문 간호사 : 노인들의 건강과 질병 관리를 담당합니다.
3. 헬스 케어 컨설턴트 : 건강 관리를 체계적으로 할 수 있도록 도와줍니다.
4. 노년 플래너 : 노후를 건강하고 행복하게 보낼 수 있도록 설계해 줍니다.
5. 원격 진료 코디네이터 : 정보 통신 기술을 이용해서 멀리 떨어진 환자와 의사를 연결해 줍니다.

피벗 테이블 작성 및 필드 목록 지정하기

❶ 바탕화면의 Excel 아이콘을 실행한 다음 [불러올 파일]-[CHAPTER 19]-'건강 관리.xlsx' 파일을 불러옵니다.

❷ 파일이 열리면 [B4:H14] 영역을 범위로 지정한 후, [삽입] 탭-[표] 그룹-[피벗 테이블(📊)]-'테이블/범위에서'를 선택합니다.

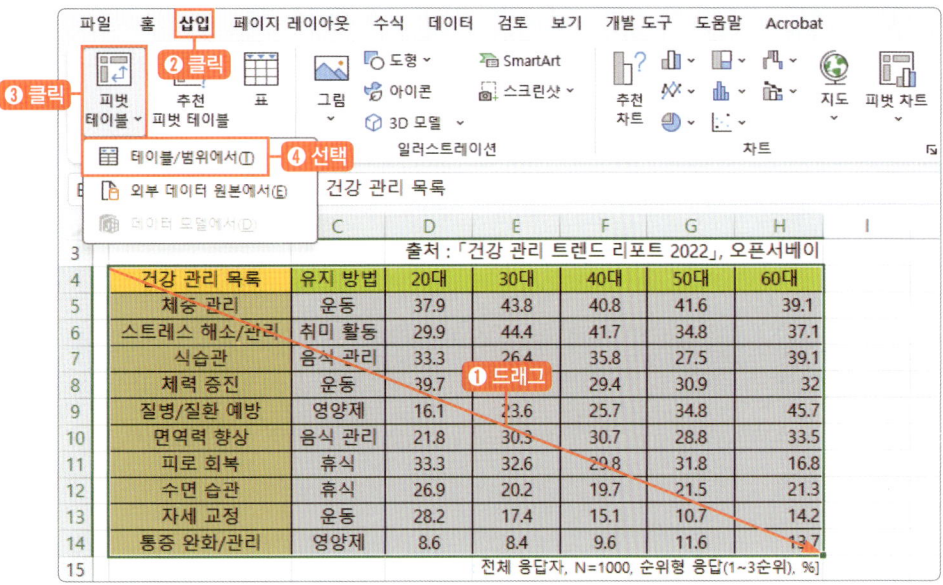

❸ [표 또는 범위의 피벗 테이블] 대화상자가 나오면 피벗 테이블 보고서를 넣을 위치를 '기존 워크시트'로 클릭하고 [피벗 테이블] 시트의 [B2] 셀을 클릭한 후, <확인> 단추를 클릭합니다.

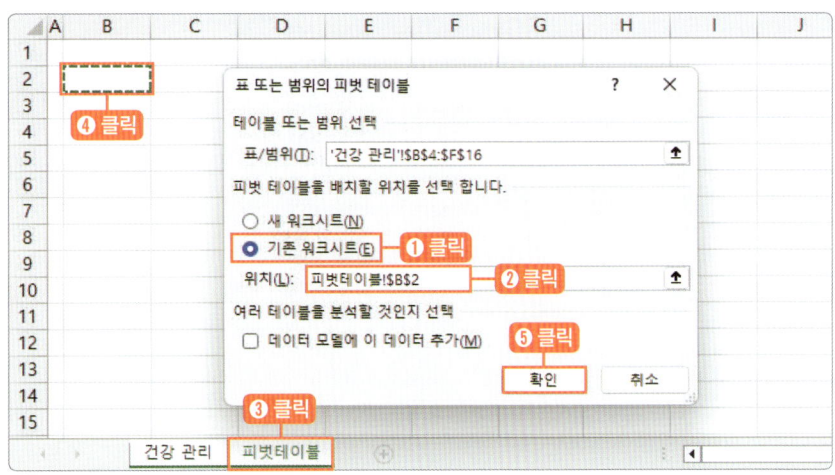

❹ [피벗 테이블] 시트에 빈 피벗 테이블이 만들어지고 화면 오른쪽의 [피벗 테이블 필드] 작업 창에서 '보고서에 추가할 필드 선택:' 항목 중 '건강 관리 목록' 필드를 행 위치로 드래그합니다.

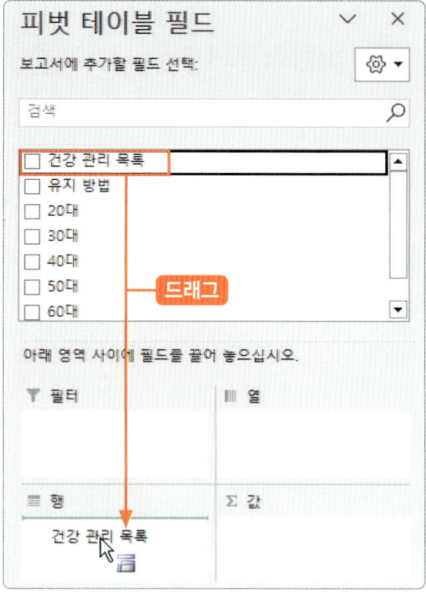

❺ 같은 방법으로 '유지 방법' 필드를 열 위치로 이동합니다. 이어서, '20대' 및 '60대' 필드를 Σ 값 위치로 각각 드래그한 다음 열 위치의 'Σ 값'은 행 위치로 이동합니다.

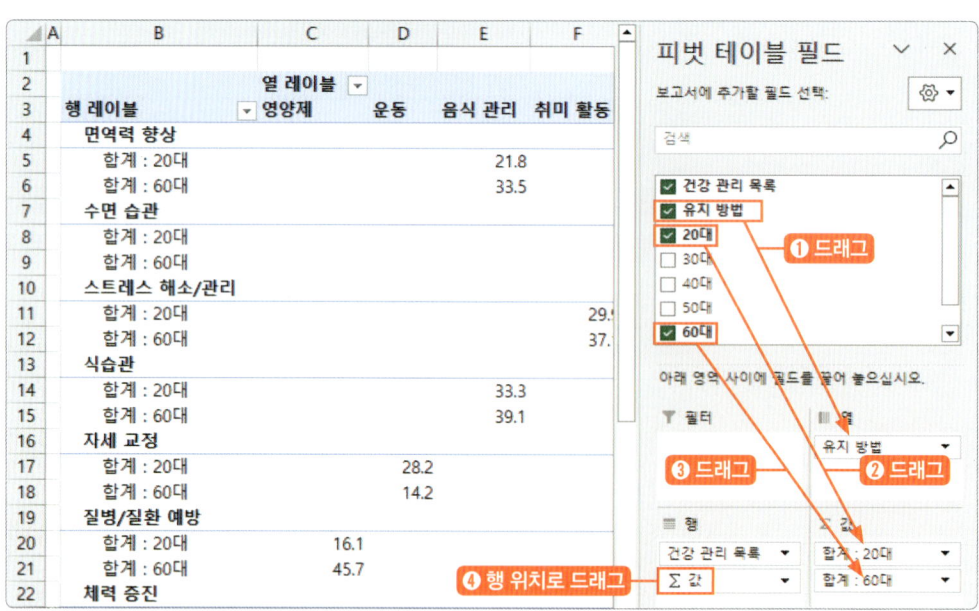

값 필드 설정, 레이아웃, 피벗 테이블 스타일 변경하기

❶ ∑ 값에서 <합계 : 20대(합계 : 20대 ▼)> 단추를 클릭한 후, [값 필드 설정]을 클릭합니다.

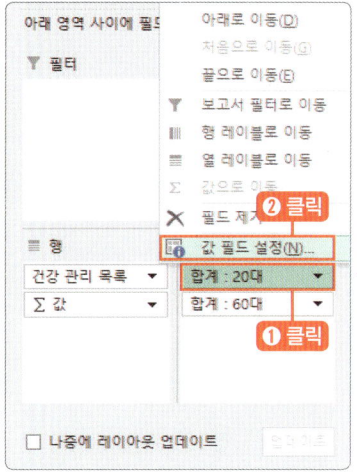

❷ [값 필드 설정] 대화상자에서 계산 유형을 '평균'으로 클릭합니다. 이어서, 사용자 지정 이름 입력 칸의 맨 뒤쪽을 클릭하여 '(단위 : %)'를 입력한 후, <확인> 단추를 클릭합니다.

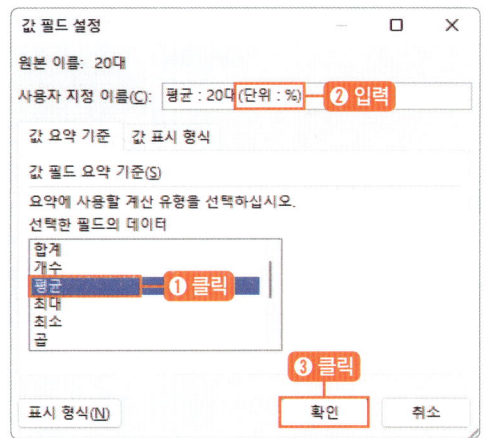

❸ 같은 방법으로 <합계 : 60대(합계 : 60대 ▼)> 단추에도 계산 유형을 '평균', 사용자 지정 이름에 '(단위 : %)'를 입력합니다.

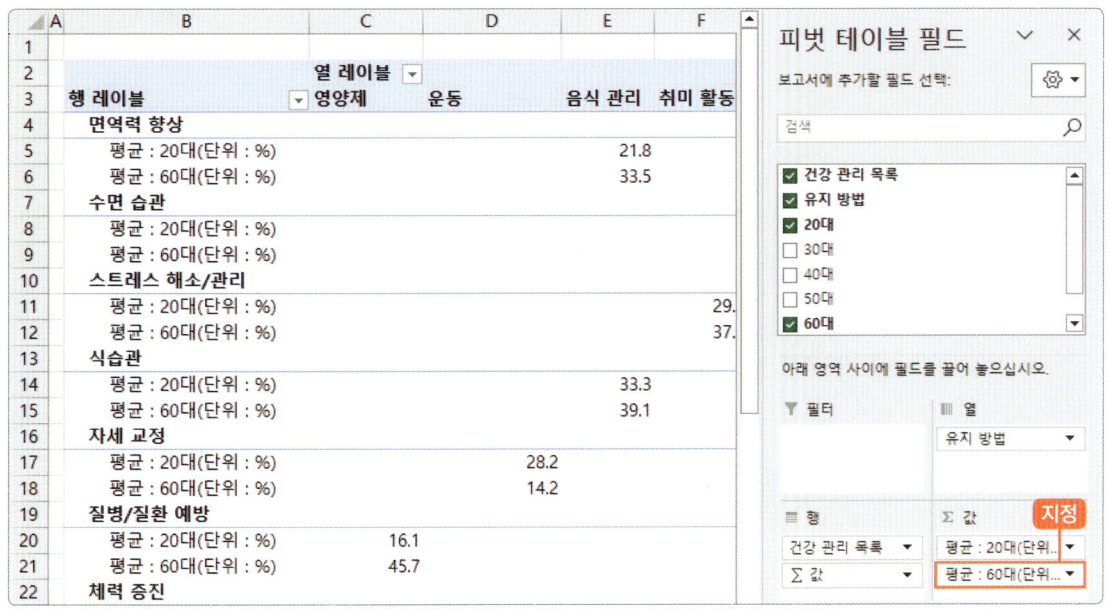

❹ [디자인] 탭-[레이아웃] 그룹-[보고서 레이아웃]-'테이블 형식으로 표시'를 선택합니다.

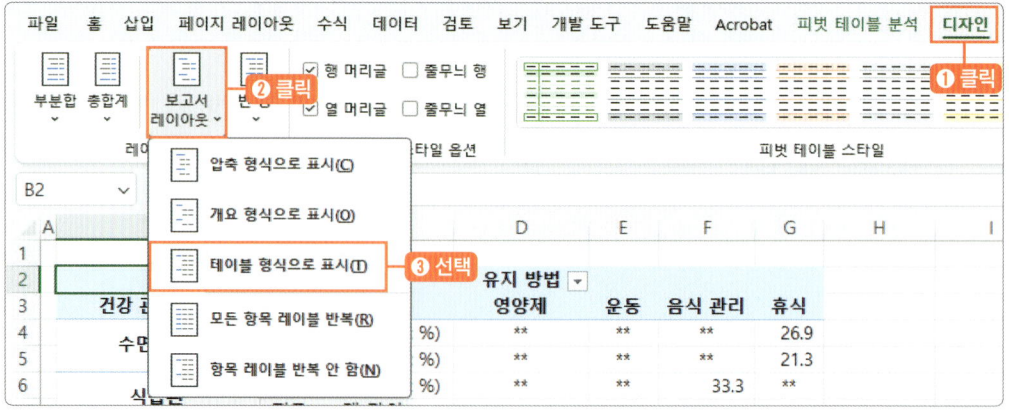

❺ [디자인] 탭-[피벗 테이블 스타일] 그룹-<자세히( )> 단추를 클릭하여 '연한 녹색, 피벗 스타일 밝게 21'을 선택합니다.

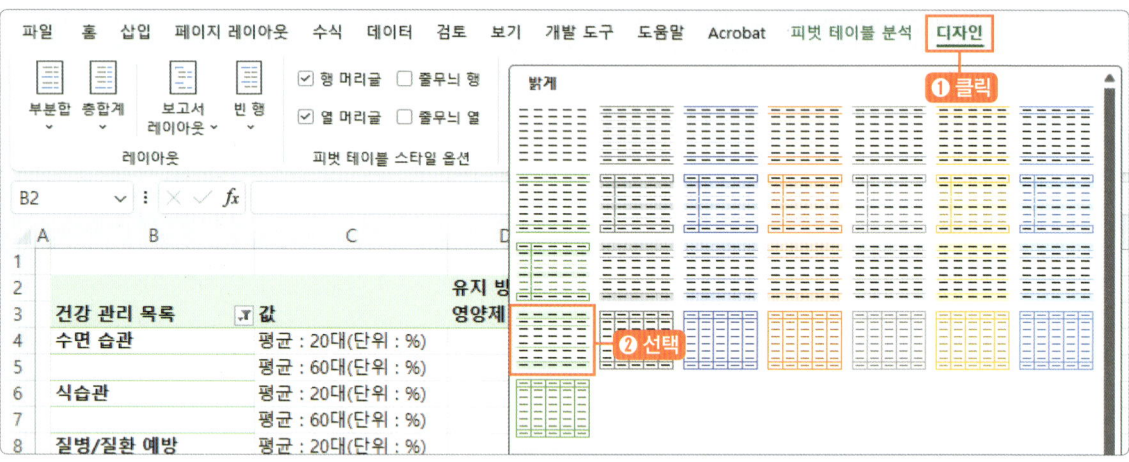

❻ 레이아웃과 피벗 테이블 스타일이 적용된 것을 확인 할 수 있습니다.

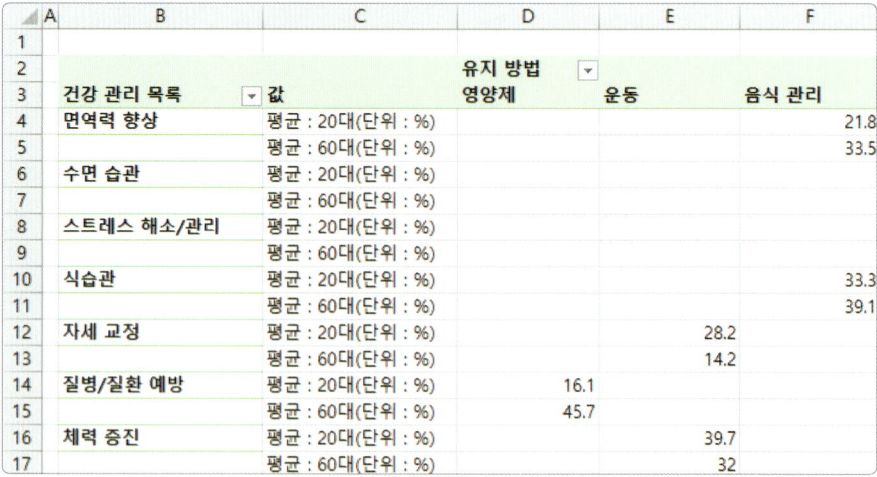

3 그룹 지정 및 옵션 변경하기

❶ [피벗 테이블 분석] 탭-[피벗 테이블] 그룹-[옵션(옵션)]을 클릭합니다.

❷ [피벗 테이블 옵션] 대화상자의 [레이아웃 및 서식] 탭에서 '레이블이 있는 셀 병합 및 가운데 맞춤'을 클릭하고 빈 셀 표시 입력 칸에 '**'을 입력합니다. 이어서, [요약 및 필터] 탭을 클릭한 후, '행 총합계 표시'의 체크 표시를 해제한 후, <확인> 단추를 클릭합니다.

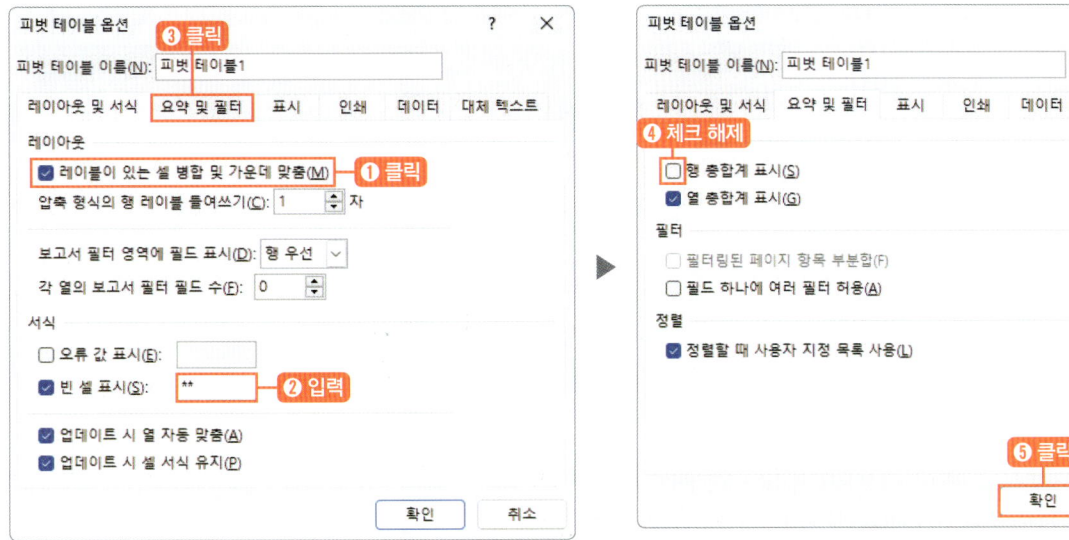

4 '건강 관리 목록' 필터링, 맞춤 서식 및 표시 형식 설정하기

❶ '건강 관리 목록'의 드롭다운(▼) 단추를 클릭합니다. 이어서, '면역력 향상', '스트레스 해소/관리', '자세 교정', '체력 증진'에 체크 표시를 해제한 다음 <확인> 단추를 클릭합니다.

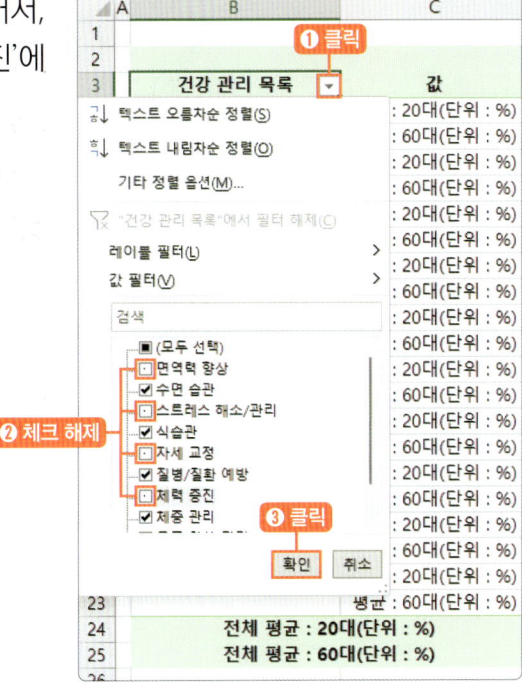

❷ [D4:G17] 영역을 선택하고, [홈] 탭-[맞춤] 그룹-'가운데 정렬(≡)'을 클릭합니다. 이어서, [표시 형식] 그룹-'쉼표 스타일(,)', '자릿수 늘림( )'을 클릭합니다.

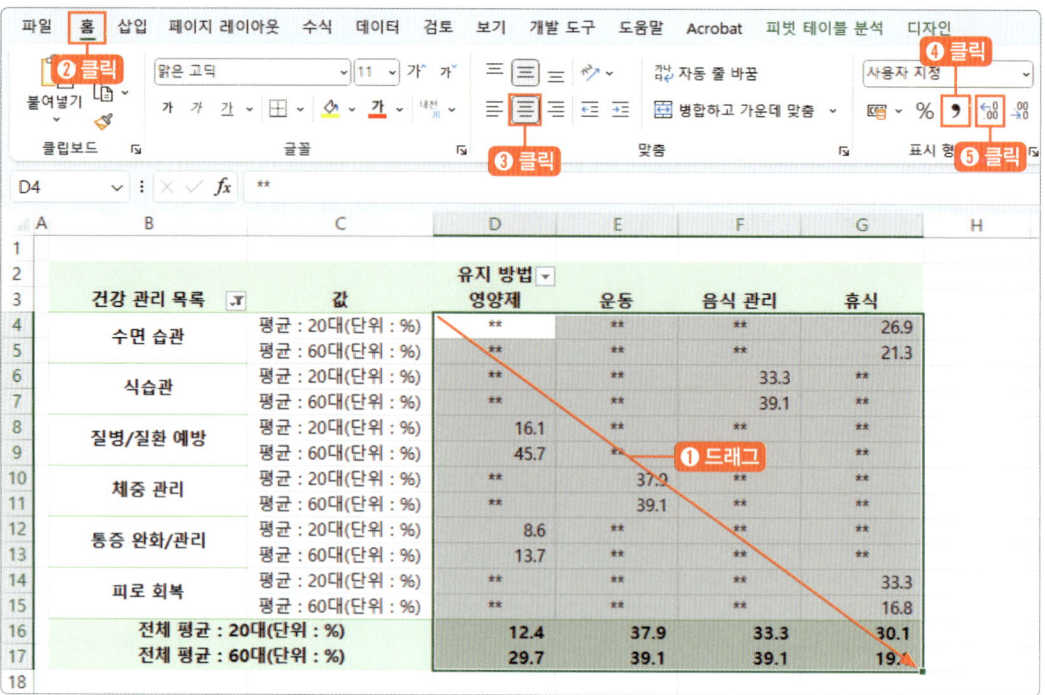

❸ 열의 크기를 맞추기 위하여 [D] 열부터 [G] 열까지 선택합니다. 이어서 [D] 열과 [E] 열 사이에 마우스를 위치시켜 모양이 바뀌면 적당한 크기로 드래그합니다.

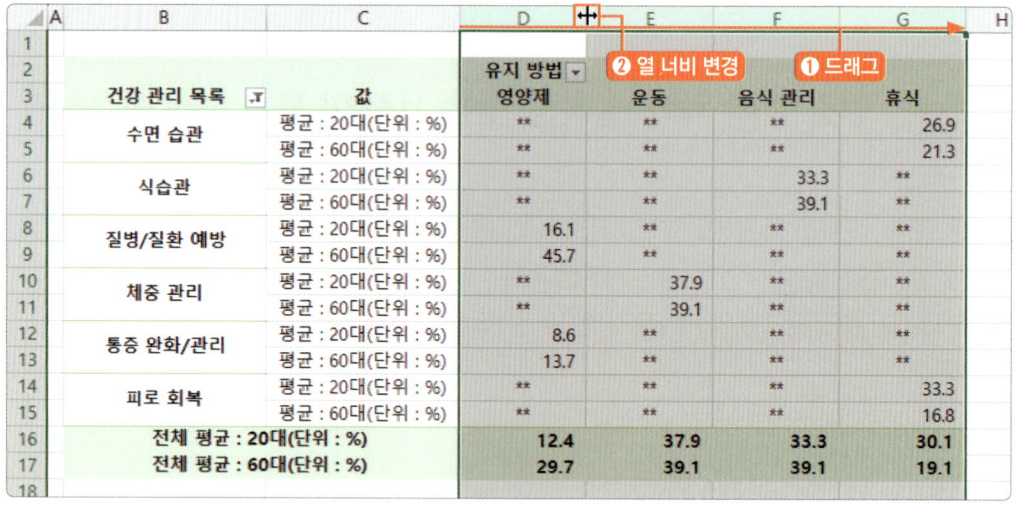

❹ 모든 작업이 끝나면 [파일] 탭-[다른 이름으로 저장]을 클릭합니다. 이어서, 대화상자가 나오면 본인의 폴더에 파일 이름을 '건강 관리(완성)'으로 입력하고 <저장> 단추를 클릭합니다.

CHAPTER 19

📁 불러올 파일 : 미션수행 01.xlsx   📁 완성된 파일 : 미션수행 01(완성).xlsx

 구분에 따른 분야별(솔루션 및 플랫폼) 매출, 수출, 수입의 평균을 피벗 테이블을 활용하여 요약해 봅니다.

	A	B	C	D	E	F	G
1							
2				분야			
3		구분	값	건강관리 솔루션	건강관리 플랫폼	매칭 플랫폼	총합계
4		건강	평균 : 매출	4.00	12.00	**	8.00
5			평균 : 수출	0.10	52.00	**	26.05
6			평균 : 수입	-	1.70	**	0.85
7		질병	평균 : 매출	**	**	6.00	6.00
8			평균 : 수출	**	**	0.40	0.40
9			평균 : 수입	**	**	0.01	0.01
10		전체 평균 : 매출		4.00	12.00	6.00	7.33
11		전체 평균 : 수출		0.10	52.00	0.40	17.50
12		전체 평균 : 수입		-	1.70	0.01	0.57
13							

작업 순서

① [불러올 파일]-[CHAPTER 19]-'미션수행 01.xlsx'을 불러옵니다.

② 데이터 영역을 선택하고, 기존 워크시트 [피벗 테이블] 시트에 삽입합니다.

③ 행-'구분', 열-'분야', Σ 값-'매출, 수출, 수입'을 이동한 후, 열에 생성된 'Σ 값'은 행으로 이동합니다.

④ Σ 값-'매출, 수출, 수입'의 값 필드 설정은 '평균'으로 변경합니다.

⑤ 보고서 레이아웃-'테이블 형식'으로 설정합니다.

⑥ 옵션-'레이블이 있는 셀 병합 및 가운데 맞춤', 빈 셀 표시-'**'를 입력합니다.

⑦ 분야는 '솔루션 및 플랫폼' 자료만 보이도록 설정합니다.

⑧ 결과 데이터는 맞춤-'가운데 정렬', 표시 형식- '쉼표', '둘째 자리'까지 표시합니다.

⑨ 작업이 완료되면 저장합니다.

CHAPTER 20 가상현실 디자인 전문가

- 시간 표시 막대로 피벗 테이블의 날짜 데이터를 필터링할 수 있습니다.
- 시간 표시 막대를 활용하는 방법을 알 수 있습니다.

■ 불러올 파일 : 가상현실 디자이너.xlsx   ■ 완성된 파일 : 가상현실 디자이너(완성).xlsx

완성작품 미리보기

{ 오늘 배울 기능 }

시간 표시 막대

분야별 인원	직급			
가상현실 디자이너	과장	대리	사원	총합계
VR 디자이너	1		1	2
메타버스 디자이너		1	1	2
증강현실 디자이너		1	1	2
캐릭터 디자이너	1		1	2
홀로그램 디자이너		1	1	2
총합계	2	3	5	10

입사일 — 모든 기간 — 년
2020 2021 2022 2023

테마 미래 직업 – 디자인

1. **캐릭터 디자이너** : 애니메이션, 만화, 게임, 상품 등의 주인공을 디자인합니다.
2. **UX 디자인 컨설턴트** : 웹이나 애플리케이션 사용자들의 편리한 경험을 디자인합니다.
3. **가상현실 전문가** : IT 기술과 디자인으로 상상의 세계를 현실로 표현합니다.
4. **홀로그램 전문가** : 빛을 이용하여 마술 같은 3차원 영상을 만듭니다.
5. **3D 프린팅 전문가** : 제품의 형상을 이미지로 디자인하고 컴퓨터 프로그램을 활용하여 설계된 디자인대로 프린터를 조작하고 운영합니다.

1 피벗 테이블 작성하기

❶ 바탕화면의 Excel 아이콘을 실행한 다음 [불러올 파일]-[CHAPTER 20]-'가상현실 디자이너.xlsx' 파일을 불러옵니다.

❷ 파일이 열리면 [B3:F13] 영역을 범위로 지정한 후, [삽입] 탭-[표] 그룹-[피벗 테이블(📊)]-'테이블/범위에서'를 선택합니다.

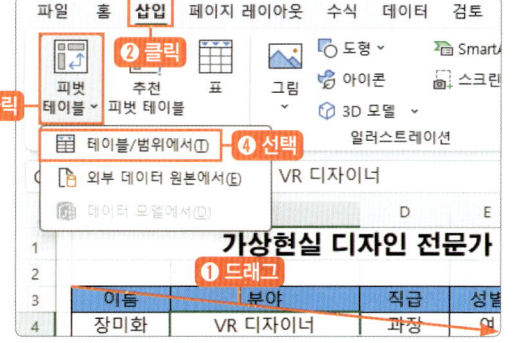

❸ [표 또는 범위의 피벗 테이블] 대화상자가 나오면 피벗 테이블 보고서를 넣을 위치를 '기존 워크시트'로 클릭한 다음 [피벗 테이블] 시트의 [B2] 셀을 클릭한 후, <확인> 단추를 클릭합니다.

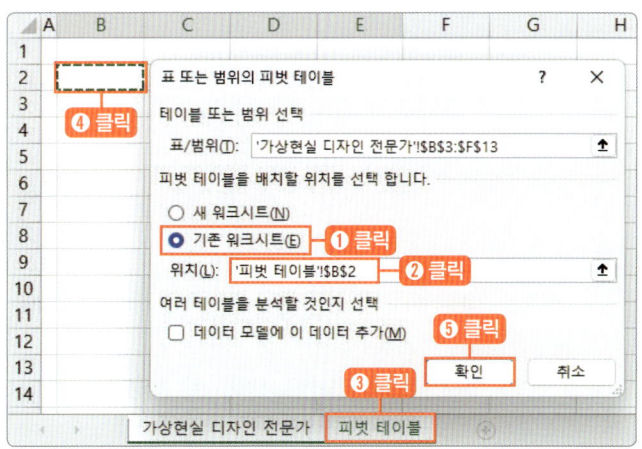

❹ [피벗 테이블] 시트에 빈 피벗 테이블이 만들어지면 화면 오른쪽의 [피벗 테이블 필드] 작업 창에서 '보고서에 추가할 필드 선택:' 항목 중 행-'분야', 열-'직급', Σ 값-'이름' 필드를 각각 이동합니다.

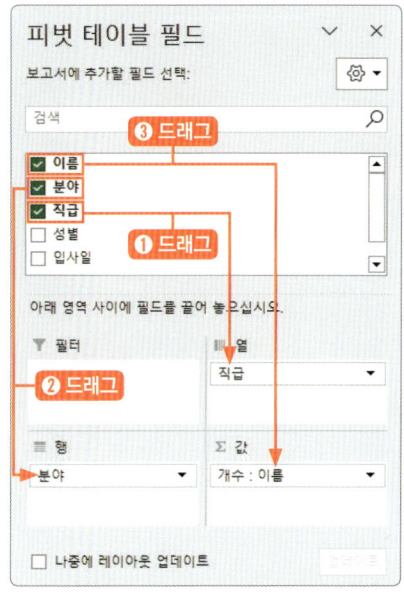

❺ '이름' 필드를 ∑ 값으로 이동하면 '개수' 즉, 인원수를 구할 수 있습니다.

❻ [B2] 셀 '분야별 인원', [B3] 셀 '가상현실 디자이너', [C2] 셀 '직급'으로 수정하여 각각 입력합니다. 이어서, [B] 열부터 [F] 열까지 열 너비를 조절합니다.

❼ [B2:F9] 영역을 범위 지정한 다음 [홈] 탭-[맞춤] 그룹-'가운데 정렬(≡)'을 클릭합니다.

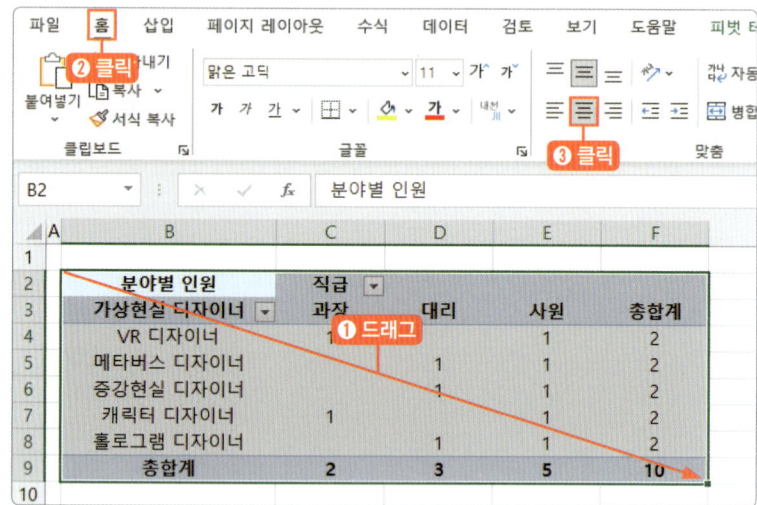

TIP
• 시간 표시 막대로 연도별 입사일을 필터링을 하기 위해서 피벗 테이블에는 필드로 삽입하지 않습니다.

2 시간 막대 표시하기

① 피벗 테이블 안에 마우스를 클릭한 다음 [피벗 테이블 분석] 탭-[필터] 그룹-[시간 표시 막대 삽입(📊)]을 클릭합니다.

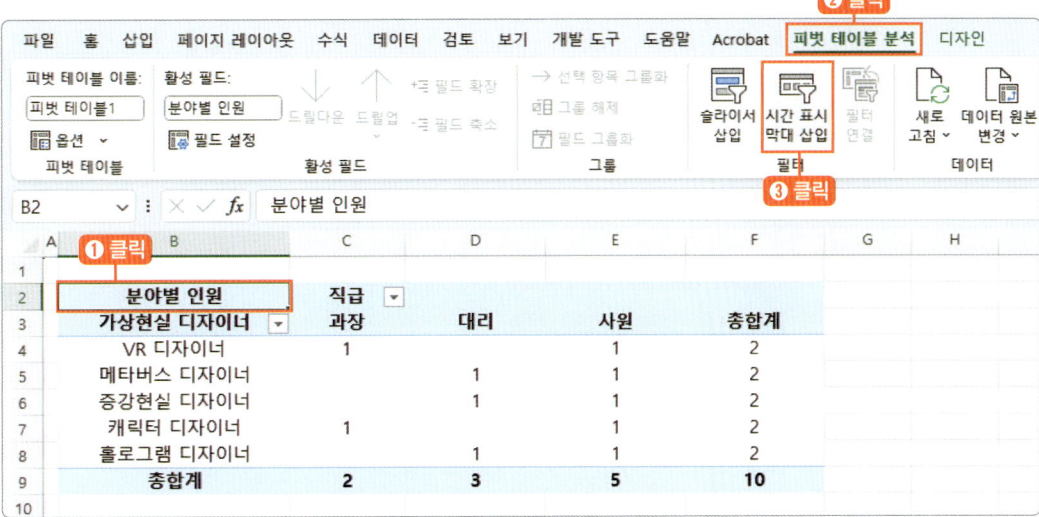

② [시간 표시 막대 삽입] 대화상자에서 '입사일'을 체크하고 <확인> 단추를 클릭합니다.

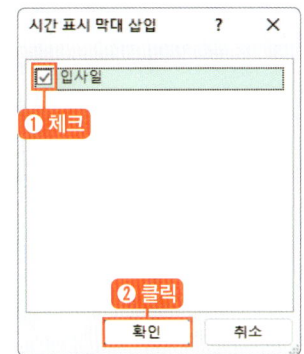

③ [입사일] 필터링 대화상자가 나오면 '월'을 클릭한 다음 '년'으로 바꿔줍니다.

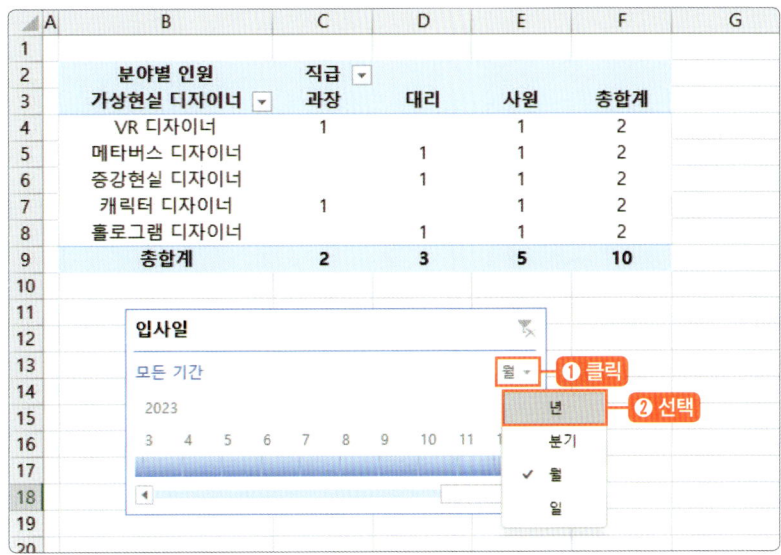

❹ [입사일] 필터링 대화상자가 연도별로 바뀐 것을 확인할 수 있습니다. 각각의 연도를 클릭하여 [피벗 테이블]의 데이터가 바뀌는 것을 확인합니다.

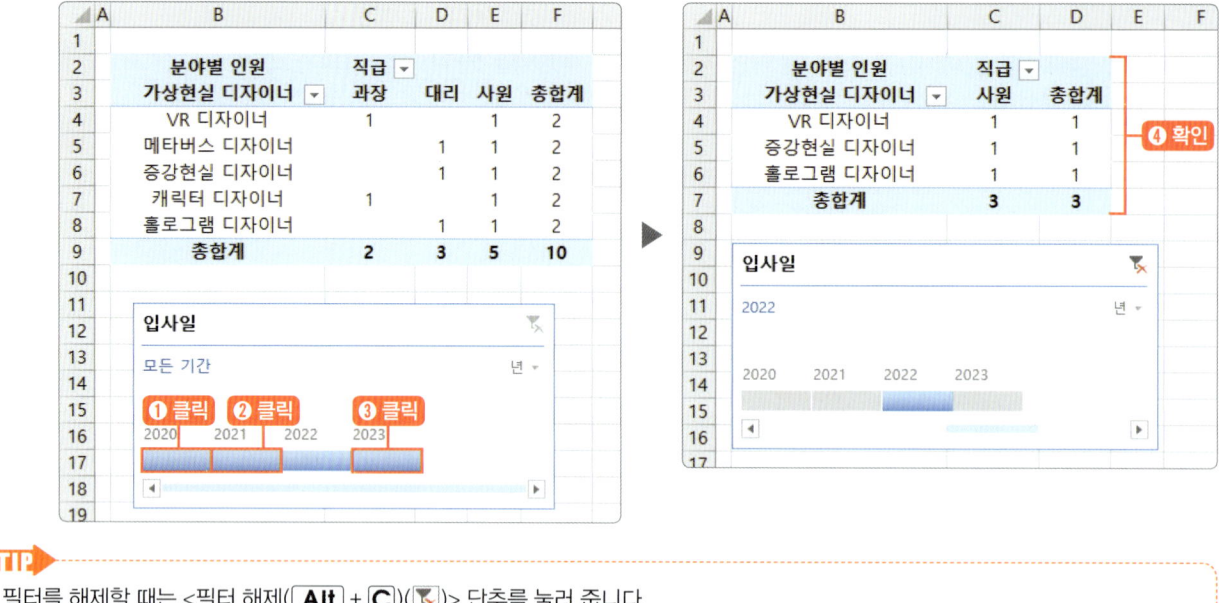

> TIP
> • 필터를 해제할 때는 <필터 해제(Alt + C)( )> 단추를 눌러 줍니다.

❺ 모든 작업이 끝나면 [파일] 탭-[다른 이름으로 저장]을 클릭합니다. 이어서, 대화상자가 나오면 본인의 폴더에 파일 이름을 '가상현실 디자이너(완성)'으로 입력하고 <저장> 단추를 클릭합니다.

■ 불러올 파일 : 미션수행 01.xlsx ■ 완성된 파일 : 미션수행 01(완성).xlsx

① 피벗 테이블 시트에 일별 시간 막대를 표시하여 특정 기간만 필터링 되도록 해봅니다.

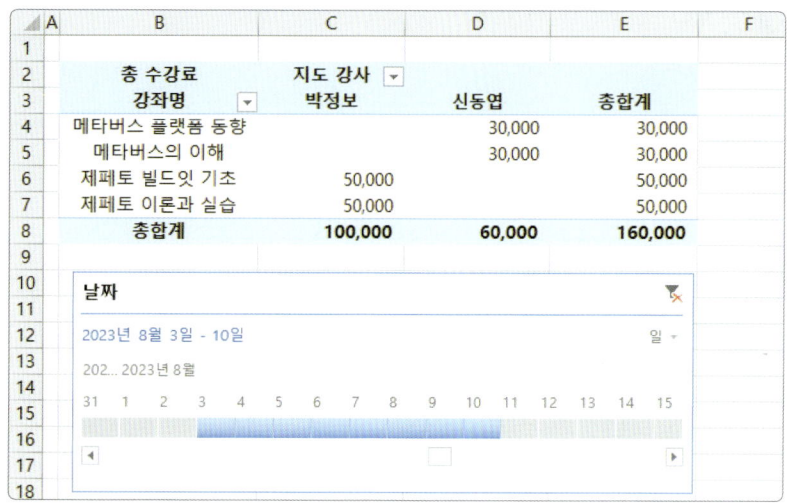

작업 순서

① [불러올 파일]-[CHAPTER 20]-'미션수행 01.xlsx'을 불러옵니다.

② [피벗 테이블] 시트에 행-'강좌명', 열-'지도 강사', ∑ 값-'총 수강료' 필드를 각각 이동하여 피벗 테이블을 만듭니다.

③ [맞춤]-'가운데 정렬', 숫자의 [표시 형식]-'쉼표'로 설정합니다.

④ 날짜 시간 표시 막대를 삽입하여 일로 설정하고, '8월 3일 ~ 8월 10일'이 표시되도록 설정합니다.

※ [3] 표시 막대를 클릭하고 Shift 키를 누르면서 [10] 표시 막대를 클릭합니다.

⑤ 작업이 완료되면 저장합니다.

CHAPTER 21 우리 식탁의 미래 먹거리, 식용 곤충

- 함수를 이용하여 목표값 찾기에 필요한 값을 계산할 수 있습니다.
- 함수식이 입력된 셀을 이용하여 원하는 목표값을 찾을 수 있습니다.

📁 불러올 파일 : 곤충산업.xlsx   📁 완성된 파일 : 곤충산업(완성).xlsx

완성작품 미리보기

오늘 배울 기능
목표값 찾기

	곤충	곤충업 농가수(%)		연도	판매액(억원) 및 전망
	흰점박이꽃무지	49		2016	225
	장수풍뎅이	36		2017	346
	귀뚜라미	11		2018	375
	갈색거저리	11		2019	405
	동애등에	7		2020	414
	사슴벌레	6		2023(예상)	735
	총 농가수	120		총금액(억원)	2,500

출처 : 「2019 곤충산업 실태조사」, 농림축산식품부

테마 미래 직업 – 의식주

1. **스마트 의류 개발자** : 정보 통신 기술로 옷을 입은 사람의 심박수, 체온 등을 파악할 수 있는 옷을 개발합니다.
2. **스마트 팜 구축가** : 농작물을 언제 어디서든지 관리할 수 있는 지능화된 농장을 만듭니다.
3. **정밀 농업기술자** : 작물이나 흙의 상태에 따라 적합한 비료나 농약 등을 사용하여 환경을 보호하고 가장 효율적인 농사를 짓는 기술을 개발합니다.
4. **스마트 도시 전문가** : 시민들이 편하게 생활할 수 있는 보다 똑똑하고 효율적인 도시를 만듭니다.
5. **도시 재생 전문가** : 낡고 오래된 도시를 되살리기 위하여 도시 재생 계획을 세웁니다.

[C11] 셀에 함수(SUM) 작성하기

❶ 바탕화면의 Excel 아이콘을 실행한 다음 [불러올 파일]-[CHAPTER 21]-'곤충산업.xlsx' 파일을 불러옵니다.

❷ 파일이 열리면 [C11] 셀을 클릭한 후, 함수 삽입(fx)을 클릭합니다. 이어서, SUM 함수를 찾아 <확인> 단추를 클릭합니다.

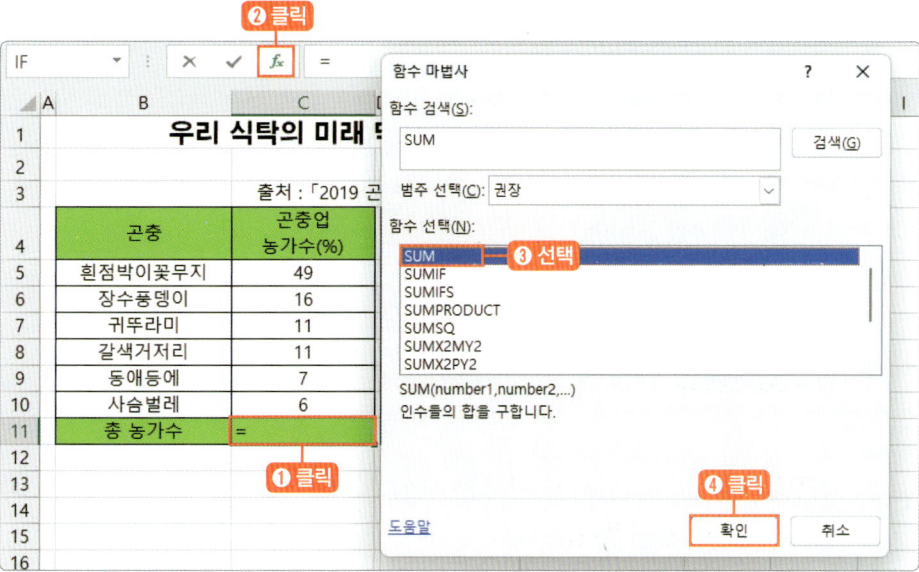

❸ [함수 인수] 대화상자가 나오면 아래와 같이 인수 값(C5:C10)을 입력한 후, <확인> 단추를 클릭합니다.

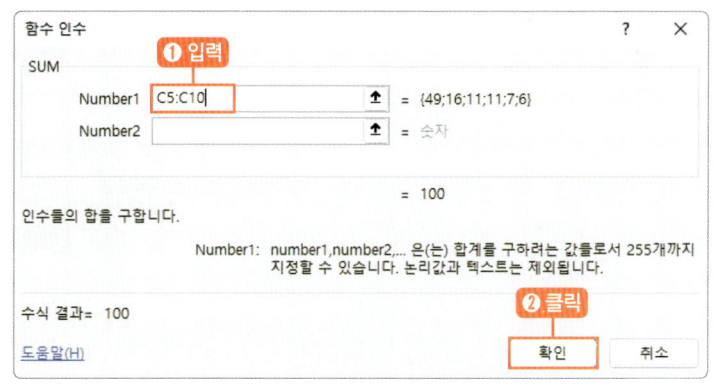

CHAPTER 21_ 우리 식탁의 미래 먹거리, 식용 곤충 • **131**

2 SUM 함수를 이용하여 목표값 찾기

① 총 농가수가 '120'이 되려면 '장수풍뎅이' 농가수가 얼마가 되어야 하는지 목표값을 구해 보겠습니다.

② [C11] 셀이 클릭된 상태에서 [데이터] 탭-[예측] 그룹-[가상 분석(📊)]-'목표값 찾기'를 선택합니다.

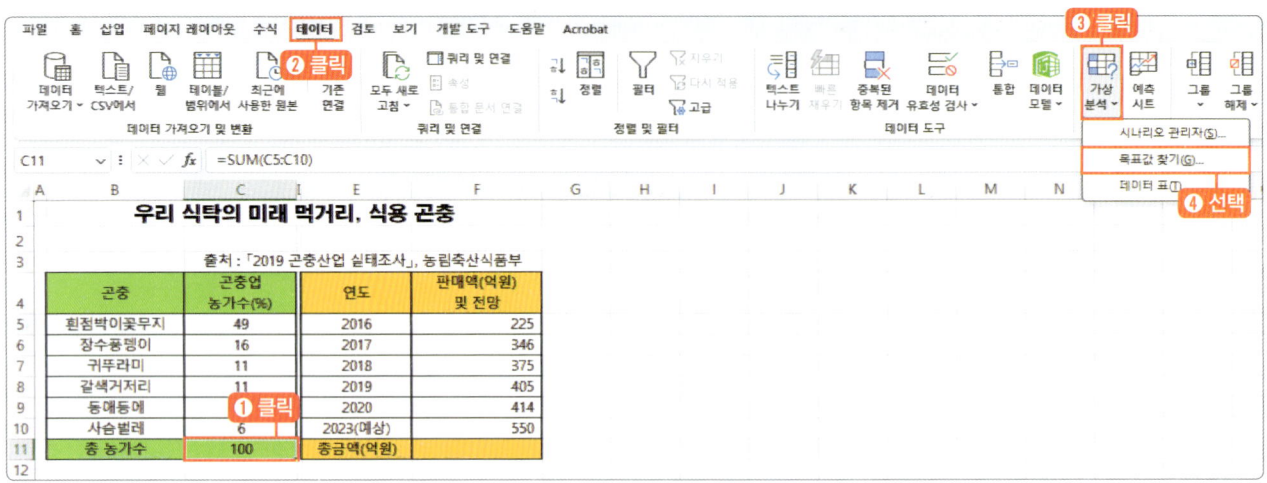

③ [목표값 찾기] 대화상자가 나오면 수식 셀([C11]), 찾는 값(120), 값을 바꿀 셀([C6])을 각각 입력 및 선택한 후, <확인> 단추를 클릭합니다.

④ [목표값 찾기 상태] 대화상자가 나오면 <확인> 단추를 클릭한 후, 변경된 목표값(120) 및 변경된 셀 값(장수풍뎅이 농가수-36)을 확인합니다.

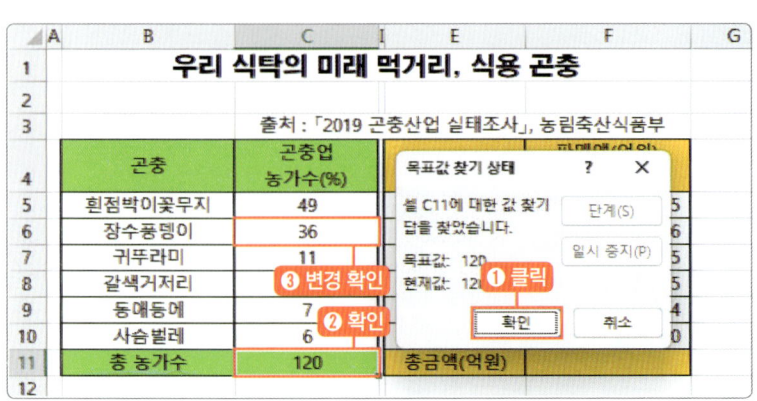

3 [F11] 셀에 함수(SUM) 작성하고 목표값 찾기

❶ [F11] 셀을 클릭한 후, 함수 삽입()을 클릭한 다음 SUM 함수를 선택하고 SUM [함수 인수] 대화상자가 나오면 아래와 같이 인수 값을 입력한 후, <확인> 단추를 클릭합니다.

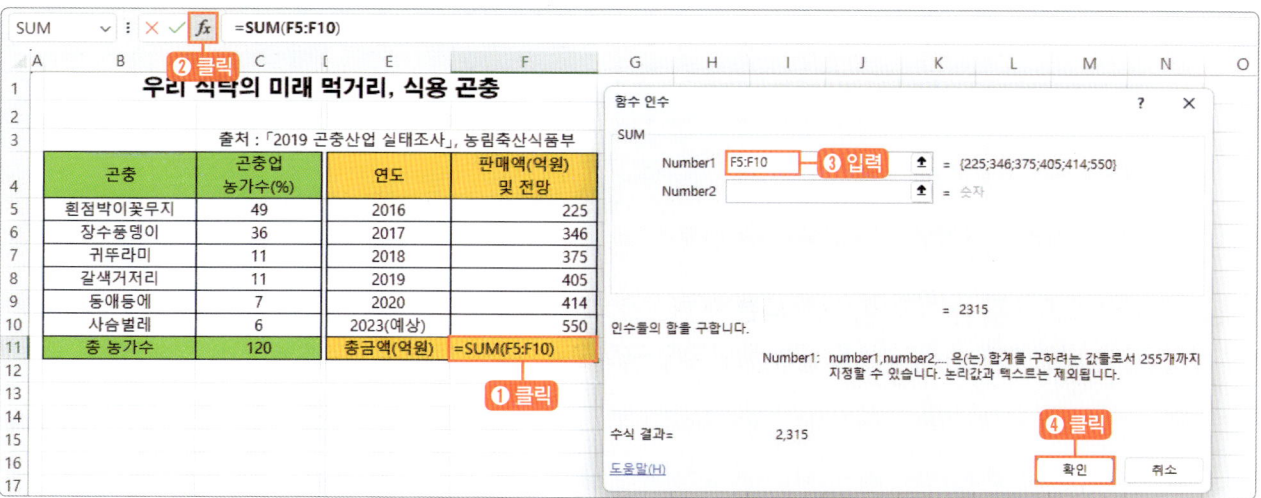

❷ 총금액(억원)이 '2,500'이 되려면 '2023(예상)' 판매액(억원)이 얼마가 되어야 하는지 목표값을 구해 보겠습니다.

❸ [F11] 셀이 클릭된 상태에서 [데이터] 탭-[예측] 그룹-[가상 분석(fx)]-'목표값 찾기'를 선택합니다.

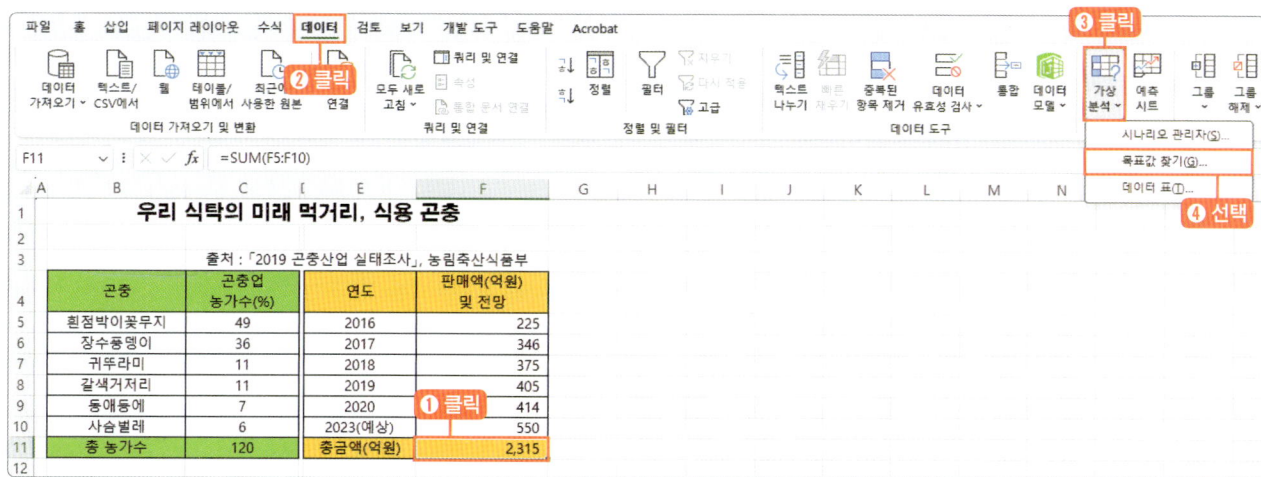

❹ [목표값 찾기] 대화상자가 나오면 수식 셀([F11]), 찾는 값(2500), 값을 바꿀 셀([F10])을 각각 입력 및 선택한 후, <확인> 단추를 클릭합니다.

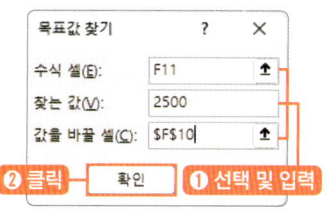

❺ [목표값 찾기 상태] 대화상자가 나오면 <확인> 단추를 클릭한 후, 변경된 목표값(2,500) 및 변경된 셀 값(2023(예상)-735)을 확인합니다.

❻ 모든 작업이 끝나면 [파일] 탭-[다른 이름으로 저장]을 클릭합니다. 이어서, 대화상자가 나오면 본인의 폴더에 파일 이름을 '곤충산업(완성)'으로 입력하고 <저장> 단추를 클릭합니다.

CHAPTER 21

■ 불러올 파일 : 미션수행 01.xlsx ■ 완성된 파일 : 미션수행 01(완성).xlsx

1 [G12] 셀에 평균을 구하고, 목표값 찾기로 '스마트 그린홈' 평균비율이 '12'가 되려면 2024년 전망률은 얼마가 되어야 하는지 예측해 봅니다.

	A	B	C	D	E	F	G	H
1		스마트홈 산업 부문별 국내 성장률 전망						
2								
3					출처 : 「스마트홈 산업 동향 조사」, 한국스마트홈 산업협회			
4		(단위 : %)	스마트 융합가전	스마트TV & 홈엔터테인먼트	스마트홈 시큐리티	스마트 홈오토메이션	스마트 그린홈	
5		2018년	5.5	24.0	5.5	3.5	40.8	
6		2019년	5.0	18.2	10.5	4.5	6.9	
7		2020년	4.9	16.1	6.3	3.6	11.5	
8		2021년	4.7	13.7	6.7	3.6	6.3	
9		2022년	4.4	12.0	6.3	3.5	4.8	
10		2023년	4.3	10.8	5.9	3.4	3.9	
11		2024년	4.1	9.7	5.6	3.3	9.8	
12		평균비율	4.7	14.9	6.7	3.6	12.0	
13								

> **작업 순서**

① [불러올 파일]-[CHAPTER 21]-'미션수행 01.xlsx'을 불러옵니다.

② 함수 AVERAGE를 활용하여 [G12] 셀에 평균을 구합니다.

③ [G12] 셀을 클릭하고, [목표값 찾기] 대화상자를 불러옵니다.

④ 수식 셀-'G12', 찾는 값-'12', 값을 바꿀 셀-'G11'로 각각 입력하거나 선택합니다.

⑤ 작업이 완료되면 저장합니다.

CHAPTER 22 나의 진로 흥미 유형 시나리오

- 시나리오를 작성하는 방법을 알아봅니다.
- 시나리오 요약 시트를 만드는 방법을 알아봅니다.

■ 불러올 파일 : 진로흥미유형.xlsx   ■ 완성된 파일 : 진로흥미유형.(완성).xlsx

완성작품 미리보기

오늘 배울 기능
시나리오 관리자

유형별 직업 종류

1. 현실형(뚝딱이) : 경찰관, 요리사, 운동선수, 농업인, 제과제빵사, 컴퓨터 조작원
2. 탐구형(탐험이) : 연구원, 학자, 과학자, 의료기술자, 번역가, 마케팅리서처
3. 예술형(멋쟁이) : 가수, 방송작가, 연기자, 영화감독, 패션디자이너, 인테리어 디자이너
4. 사회형(친절이) : 간호사, 사회복지사, 교사, 가사도우미, 외교관, 외환딜러, 호텔 지배인
5. 기업형(씩씩이) : 고위 공무원, 국회의원, 기업 고위 임원, 외교관, 외환딜러, 호텔 지배인
6. 관습형(성실이) : 비서, 회계사, 공무원, 법무사, 조리사, 속기사

수진이는 가장 높은 진로흥미유형 – 현실형(뚝딱이), 진취형(씩씩이)
수진이의 진로 계획 – '요리사'가 되어 레스토랑 오픈

시나리오 작성(고등학교 1학년의 현실형, 탐구형, 예술형 값이 5씩 증가한 경우)

❶ 바탕화면의 Excel 아이콘을 실행한 다음 [불러올 파일]-[CHAPTER 22]-'진로흥미유형.xlsx' 파일을 불러옵니다.

❷ 수진이의 학년별 진로흥미유형 점수를 토대로 '고등학교 1학년' 진로흥미유형 점수가 어떻게 바뀔지 시나리오를 작성해 보려고 합니다.

❸ '고등학교 1학년' 진로흥미유형 점수는 각각 진로흥미유형별 평균 점수를 임의의 값으로 설정하였습니다.

❹ 파일이 열리면 [I5:I7] 셀을 선택한 후, [데이터] 탭-[예측] 그룹-[가상 분석(📊)]-'시나리오 관리자'를 클릭합니다.

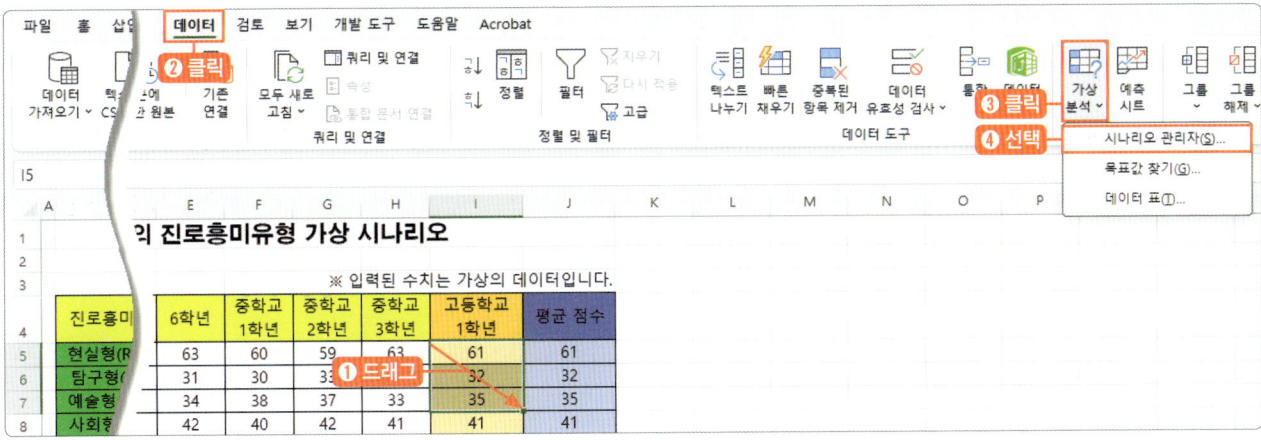

❺ [시나리오 관리자] 대화상자가 나오면 <추가> 단추를 클릭합니다.

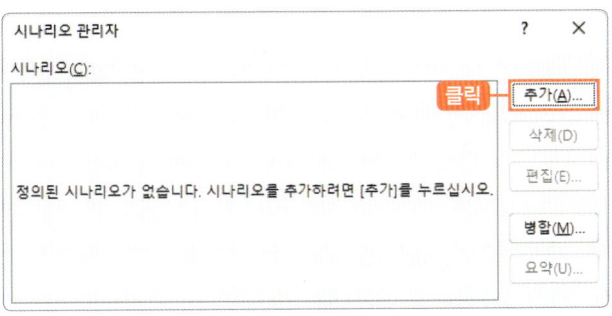

❻ [시나리오 추가] 대화상자가 나오면 시나리오 이름(현실/탐구/예술형 5 증가), 변경 셀([I5:I7])을 지정한 후, <확인> 단추를 클릭합니다.

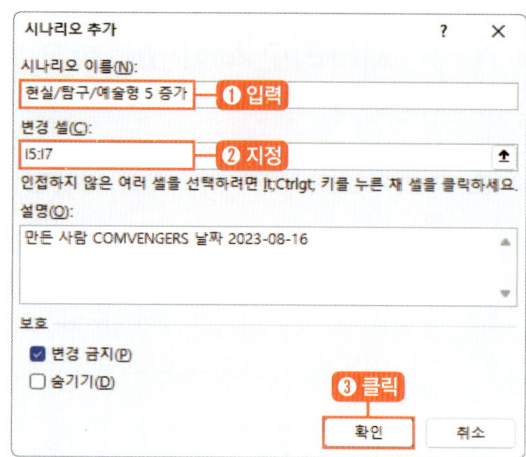

❼ [시나리오 값] 대화상자가 나오면 현재 값에서 '5'가 증가된 값을 계산하여 입력한 후, <추가> 단추를 클릭합니다.

2 시나리오 작성(고등학교 1학년의 사회형, 진취형, 관습형 값이 5씩 증가한 경우)

❶ [시나리오 추가] 대화상자가 나오면 시나리오 이름(사회/진취/관습형 5 증가), 변경 셀([I8:I10])을 지정한 후, <확인> 단추를 클릭합니다.

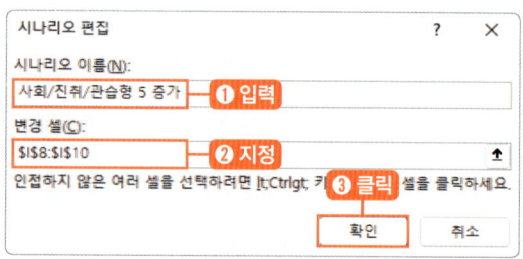

❷ [시나리오 값] 대화상자가 나오면 현재 값에서 '5'가 증가된 값을 계산하여 입력한 후, <확인> 단추를 클릭합니다.

❸ [시나리오 관리자] 대화상자가 나오면 <요약> 단추를 클릭합니다.

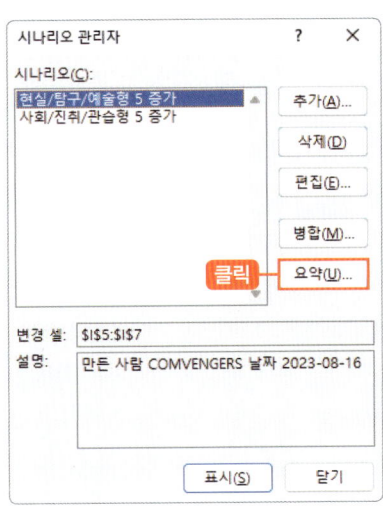

❹ [시나리오 요약] 대화상자가 나오면 결과 셀([J5:J10])을 지정한 후, <확인> 단추를 클릭합니다.
　※ 결과 셀은 마우스로 드래그할 수도 있습니다.

❺ [시나리오 요약] 시트가 만들어지면 숫자 영역([D6:F18])은 드래그하여 표시 형식을 쉼표로 설정합니다.

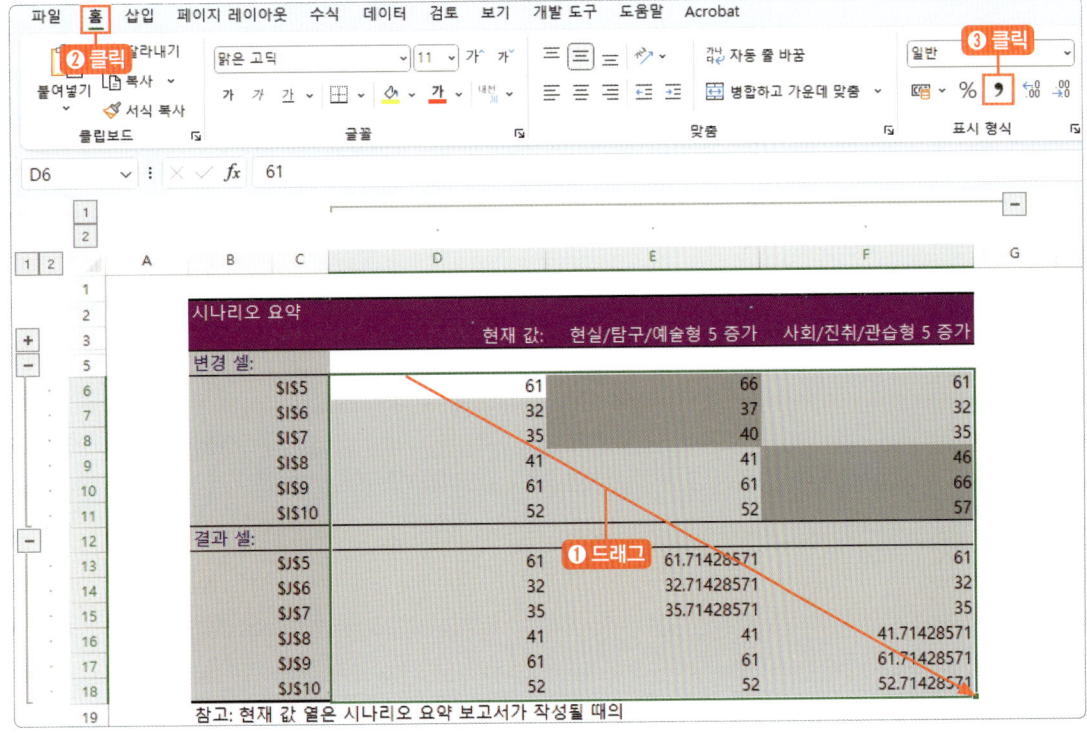

CHAPTER 22_ 나의 진로 흥미 유형 시나리오 • **139**

❻ [시나리오 요약] 시트에서 진로흥미유형 점수가 증가할 때 평균 점수가 어떻게 변동하는지 결과 셀의 값을 확인합니다.

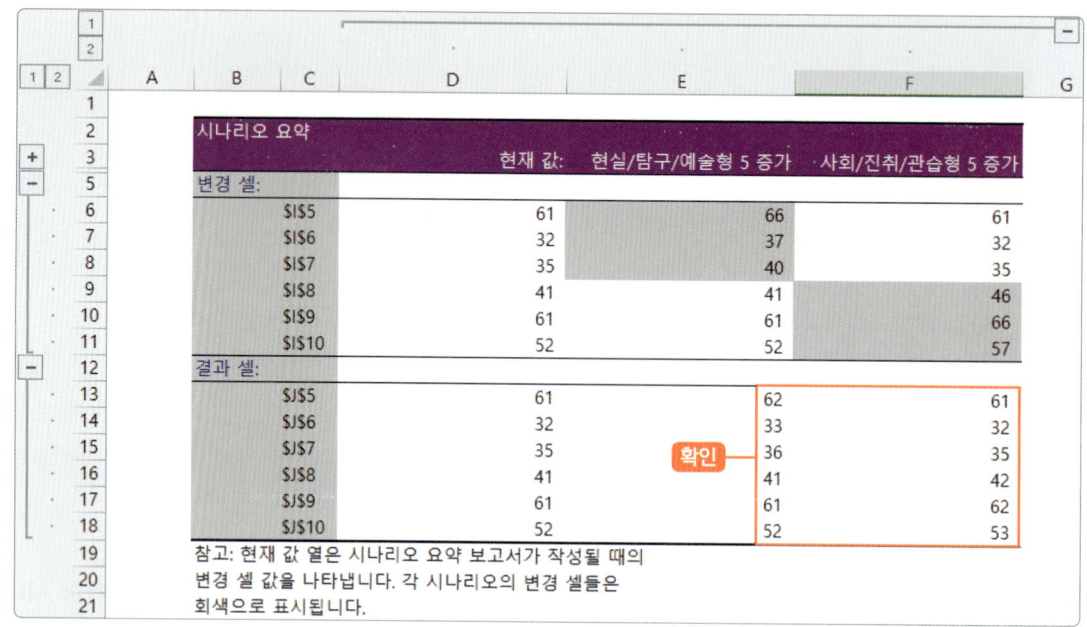

> **TIP**
> • 시나리오로 가상의 데이터를 분석하기 위해서는 결과 셀이 반드시 수식 형태로 계산되어 있어야 합니다.

❼ 모든 작업이 끝나면 [파일] 탭-[다른 이름으로 저장]을 클릭합니다. 이어서, 대화상자가 나오면 본인의 폴더에 파일 이름을 '진로흥미유형(완성)'으로 입력하고 <저장> 단추를 클릭합니다.

CHAPTER 22

📁 불러올 파일 : 미션수행 01.xlsx　📁 완성된 파일 : 미션수행 01(완성).xlsx

① 스테이크, 파스타, 까르보나르 음식의 가격이 증가하거나 감소시 총 매출액이 어떻게 변동하는지 가상 분석 시나리오를 작성해 봅니다.

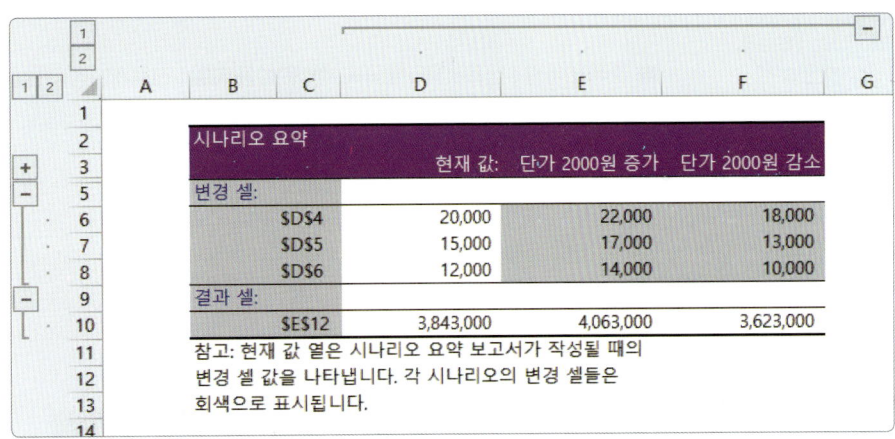

작업 순서

① [불러올 파일]-[CHAPTER 22]-'미션수행 01.xlsx'을 불러옵니다.

② [D4:D6] 영역을 선택하고 '시나리오 관리자'를 클릭합니다.

③ <추가> 단추를 클릭하여 시나리오 이름(단가 2000원 증가), 변경 셀([D4:D6])을 지정한 후, 증가된 값을 입력합니다.

④ <추가> 단추를 클릭하여 시나리오 이름(단가 2000원 감소), 변경 셀([D4:D6])을 지정한 후, 감소된 값을 입력합니다.

⑤ <요약> 단추를 클릭하고 결과 셀([E12])을 지정합니다.

⑥ 작업이 끝나면 저장합니다.

CHAPTER 23
진로 개발 역량 검사 차트

학습목표
- 차트를 삽입하는 방법을 알아봅니다.
- 차트를 편집하는 방법을 알아봅니다.

■ 불러올 파일 : 진로개발역량.xlsx   ■ 완성된 파일 : 진로개발역량(완성).xlsx

완성작품 미리보기

오늘 배울 기능
차트 삽입, 차트 디자인

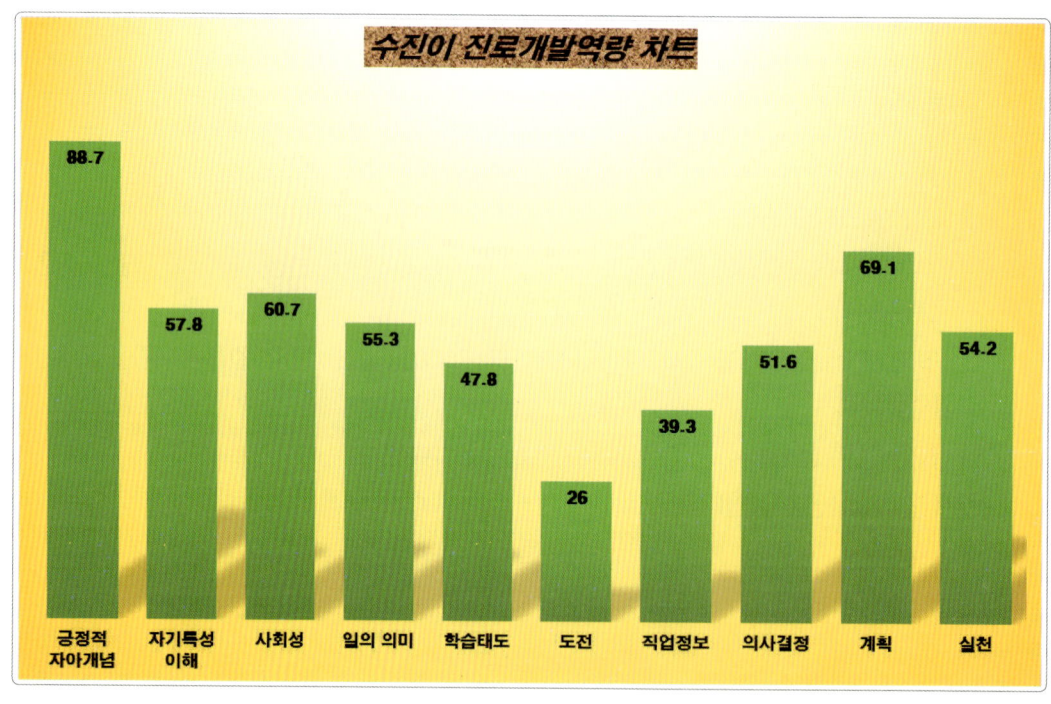

주니어 커리어넷 진로 개발 역량 검사는 초등학생 여러분이 진로를 발전시키는데 필요한 역량이 무엇인지를 진단하고 도와주는 목적으로 개발되었습니다.

나의 진로발전을 위한 다짐 (출처 : 「진로 개발 역량 검사」, 주니어 커리어넷)

1. 자기 이해 : 나를 알아가기 위해 무엇을 할 수 있을까?
2. 진로 탐색 : 진로를 찾기 위해 무엇을 할 수 있을까?
3. 진로를 준비하고 행동으로 실천하기 위해 무엇을 할 수 있을까?

차트 삽입하고 이동하기

❶ 바탕화면의 Excel 아이콘을 실행한 다음 [불러올 파일]-[CHAPTER 23]-'진로개발역량.xlsx' 파일을 불러옵니다.

❷ [C3:D13] 영역을 드래그한 다음 [삽입] 탭-[차트] 그룹-[세로 또는 가로 막대형 차트 삽입(📊)]을 클릭한 후, 2차원 세로 막대형에서 '묶은 세로 막대형(📊)'을 선택합니다.

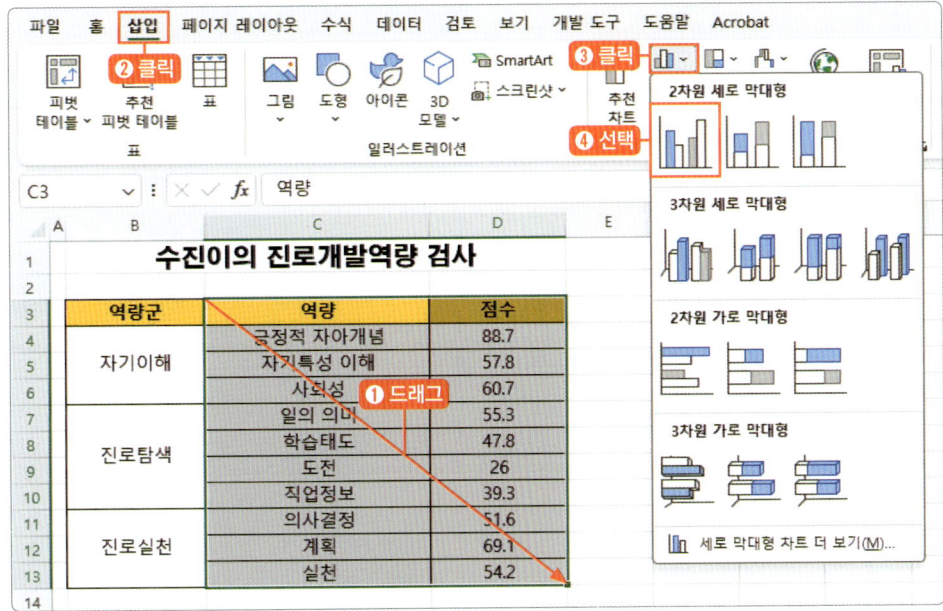

❸ 차트가 삽입되면 마우스 오른쪽 단추를 눌러 [차트 이동]을 클릭합니다.

❹ [차트 이동] 대화상자가 나오면 [새 시트]-'진로역량개발 차트'를 입력한 다음 <확인> 단추를 클릭합니다.

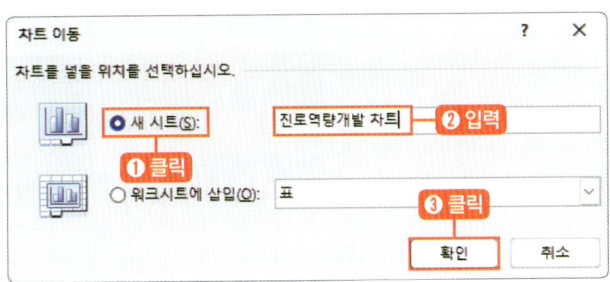

❺ [보기] 탭-[확대/축소] 그룹-'100%'를 클릭합니다.

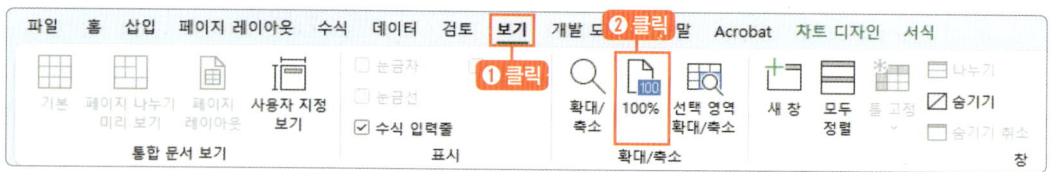

2 차트 스타일 설정 및 색 변경하기

❶ 차트를 클릭하고 [차트 디자인] 탭-[차트 스타일] 그룹-'자세히'를 누른 후, '스타일 4'를 선택합니다.

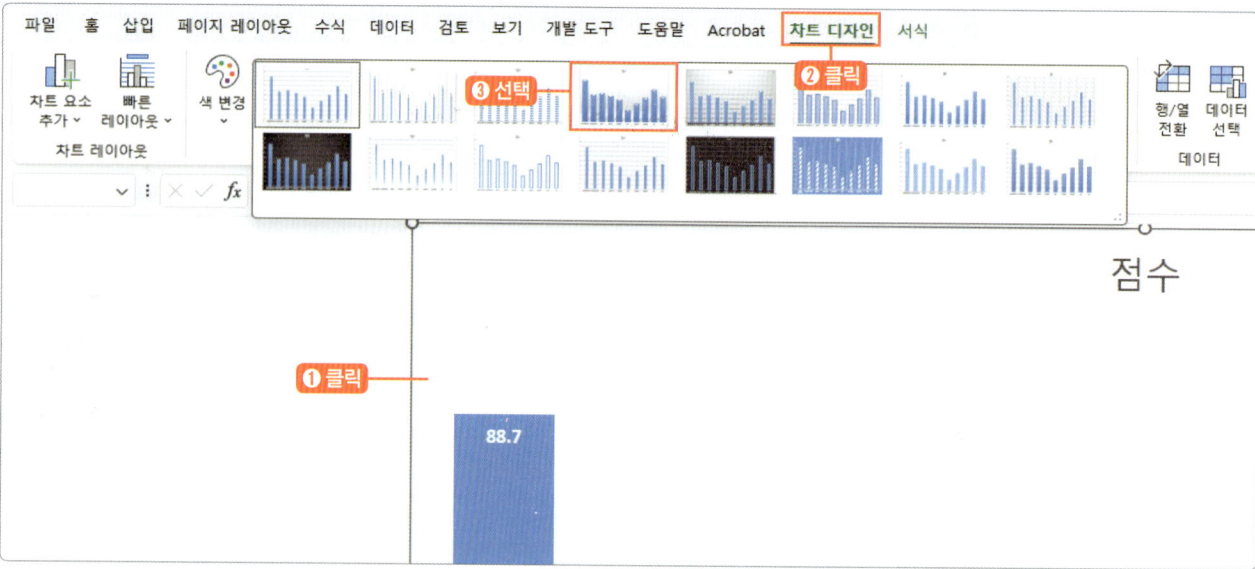

❷ [색 변경(🎨)]-'다양한 색상표 4'를 선택합니다.

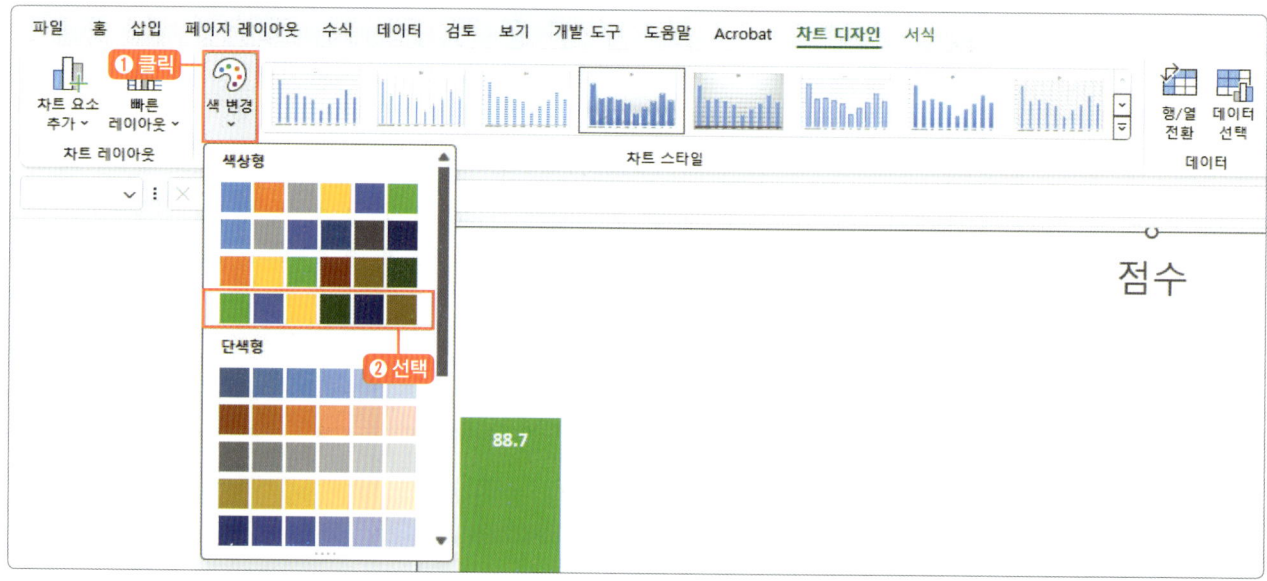

차트의 제목을 입력하고 차트 영역 서식 지정하기

❶ 차트 제목을 클릭하여 제목 안쪽에 커서가 활성화되면 '수진이의 진로개발역량 차트'를 입력한 후, Esc 키를 누릅니다.

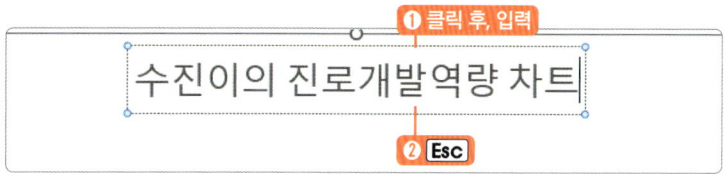

❷ 차트 영역을 클릭한 후, [홈] 탭-[글꼴] 그룹에서 글꼴(HY견고딕)과 글꼴 크기(12pt), 글꼴 색(검정, 텍스트 1)을 지정합니다.

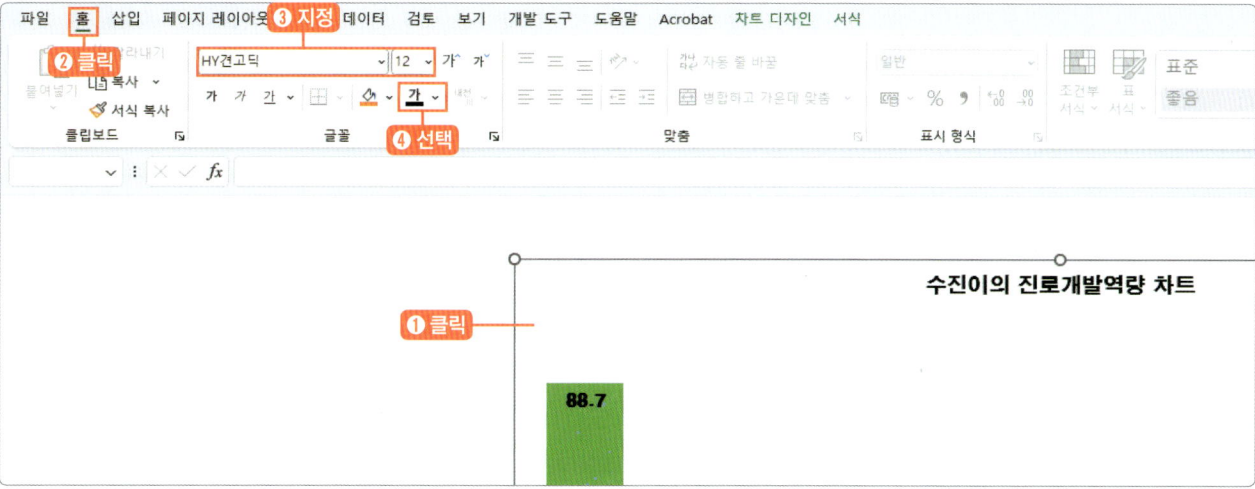

❸ 차트 영역 위에서 마우스 오른쪽 단추를 눌러 [차트 영역 서식]을 클릭하면 오른쪽 작업 창이 활성화되는 것을 확인할 수 있습니다.

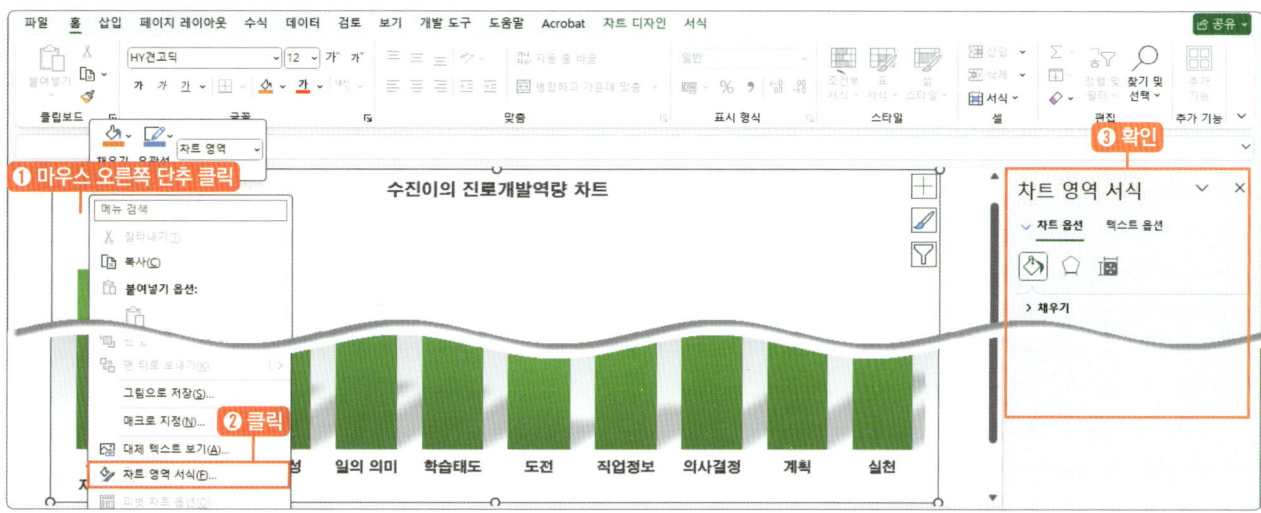

④ [차트 영역 서식]에서 [채우기]-'그라데이션 채우기'를 클릭한 다음 [그라데이션 미리 설정]-'위쪽 스포트라이트 강조 4'를 선택합니다.

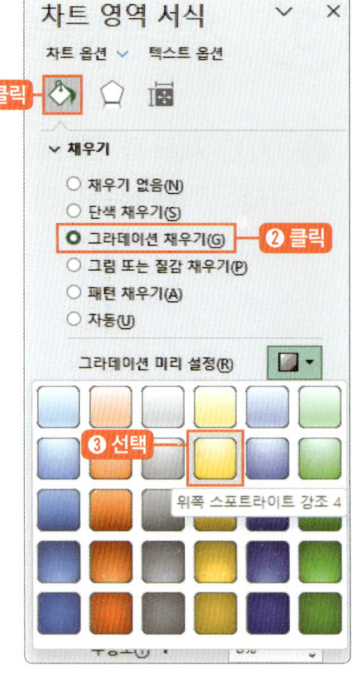

4 차트 스타일 설정 및 색 변경하기

① 차트 제목을 클릭한 다음 [홈] 탭-[글꼴] 그룹에서 글꼴 크기 (20pt), 기울임꼴(가)을 지정합니다.

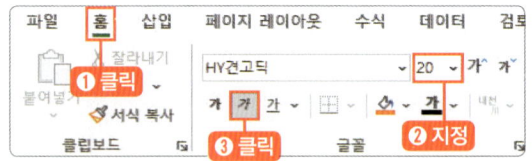

② 오른쪽 차트 제목 서식 작업 창에서 [채우기]-'그림 또는 질감 채우기'를 클릭하고, [질감(⊞▾)]-'코르크'를 선택합니다.

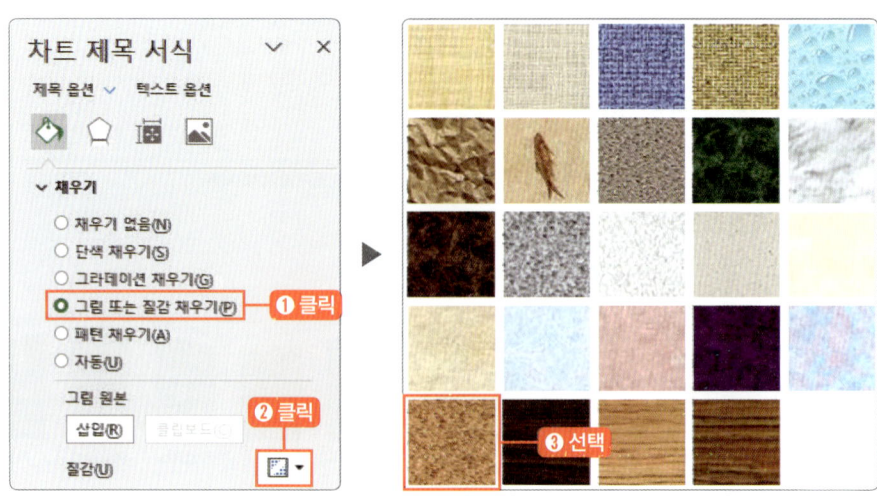

③ 모든 작업이 끝나면 [파일] 탭-[다른 이름으로 저장]을 클릭합니다. 이어서, 대화상자가 나오면 본인의 폴더에 파일 이름을 '진로개발역량(완성)'으로 입력하고 <저장> 단추를 클릭합니다.

미션 수행하기

CHAPTER 23

■ 불러올 파일 : 미션수행 01.xlsx   ■ 완성된 파일 : 미션수행 01(완성).xlsx

1 '청소년 직업 선택시 중요한 가치 기준' 통계 자료로 '표식이 있는 꺾은선형' 차트를 만들어 봅니다.

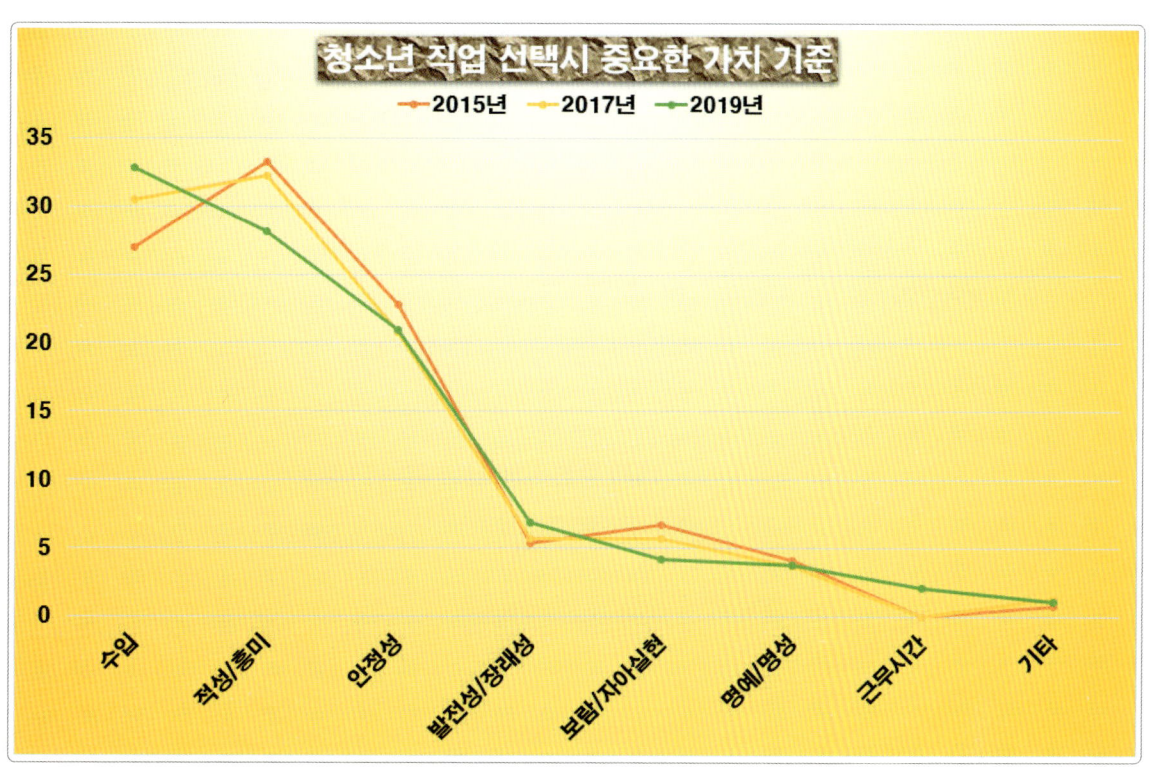

작업 순서

① [불러올 파일]-[CHAPTER 23]-'미션수행 01.xlsx'을 불러옵니다.
② 데이터 영역을 선택하고, '표식이 있는 꺾은선형' 차트를 클릭합니다.
③ 그래프를 이동하여 차트 시트에 추가합니다.
④ [차트 영역 서식] 작업 창에서 [그라데이션 채우기]-'그라데이션 미리 설정 색'을 임의로 선택합니다.
⑤ 전체 글꼴을 설정합니다. (글꼴 : HY견고딕, 글꼴 크기 : 14pt)
⑥ 제목 글꼴 및 크기를 임의로 설정하고 질감 채우기(종이 가방)를 합니다.
⑦ 범례를 선택하고, [범례 옵션]-'범례 위치'를 '위쪽'으로 선택합니다.
⑧ 작업이 끝나면 저장합니다.

CHAPTER 24 나의 인생 미니 그래프

- 나의 인생을 과거, 현재, 미래의 사건으로 기록합니다.
- 스파크라인으로 미니 차트를 만들어 봅니다.

📁 불러올 파일 : 인생 미니 그래프.xlsx   📁 완성된 파일 : 인생 미니 그래프(완성).xlsx

완성작품 미리보기

{ 오늘 배울 기능 }
스파크라인

시점	나이	사건	점수(-100~+100)
과거	6세	동생 태어남	20
	8세	친구 생김	30
	10세	병원 입원	-20
	13세	중학교 입학	10
	14세	사춘기	-30
현재	15세	외모 고민	-10
미래	16세	고등학교 입학	20
	18세	진로 고민	-10
	20세	원하는 대학 입학	60
	24세	대학 졸업	30
	25세	취업 고민	-20
	27세	사업 시작	40
	30세	수익이 많아짐	80
스파크라인1		꺾은선형	
스파크라인2		열	
스파크라인3		승패	

나의 인생 미니 그래프 작성하기

1. 나이가 다르면 수정합니다.
2. 과거는 내가 겪었던 생각나는 사건을 입력합니다.
3. 현재는 지금 나에게 일어나고 있는 사건을 입력합니다.
4. 미래는 나의 소망이나 겪을 수도 있는 사건을 예측해서 입력합니다.
5. 사건에 따라 기쁘거나 슬픈 정도에 따라 점수를 기록합니다.

1 사건에 따른 점수 적어보기

① 바탕화면의 Excel 아이콘을 실행한 다음 [불러올 파일]-[CHAPTER 24]-'인생 미니 그래프.xlsx' 파일을 불러옵니다.

② [나의 인생 미니 그래프] 시트에 나이별 사건과 기쁘고 슬픈 정도에 따라 점수를 입력합니다.

	A	B	C	D	E	F
1			15세 수진이의 인생 미니 그래프			
2						
3		시점	나이	사건	점수(-100~+100)	
4			6세	동생 태어남	20	
5			8세	친구 생김	30	
6		과거	10세	병원 입원	-20	
7			13세	중학교 입학	10	
8			14세	사춘기	-30	
9		현재	15세	외모 고민	-10	
10			16세	고등학교 입학	20	
11			18세	진로 고민	-10	
12			20세	원하는 대학 입학	60	
13		미래	24세	대학 졸업	30	
14			25세	취업 고민	-20	
15			27세	사업 시작	40	
16			30세	수익이 많아짐	80	

2 스파크라인 – 꺾은선형 적용하기

① [E17] 셀을 클릭한 다음 [삽입] 탭-[스파크라인] 그룹-'꺾은선형( )'을 클릭합니다.

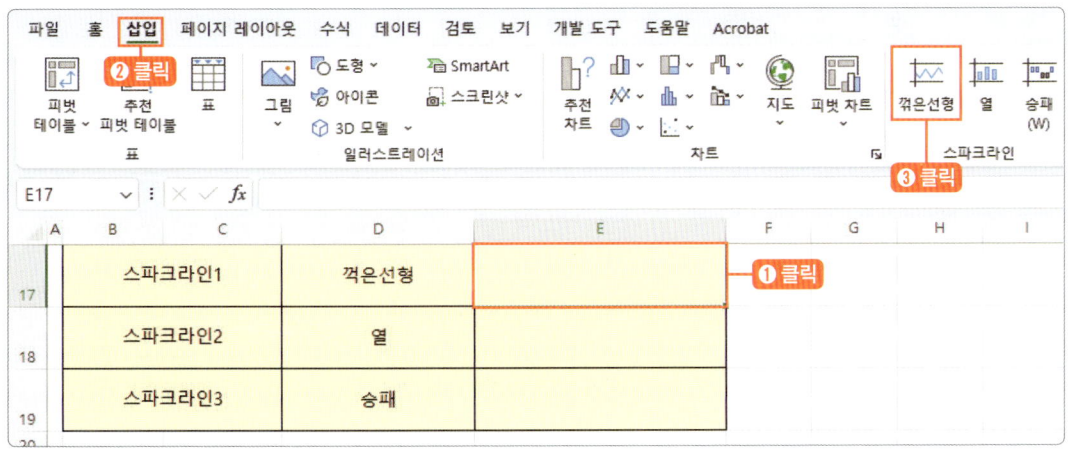

② [스파크라인 만들기] 대화상자에서 [데이터 범위]-'E4:E16'을 입력하거나 셀을 드래그해서 선택한 후, <확인> 단추를 클릭합니다.

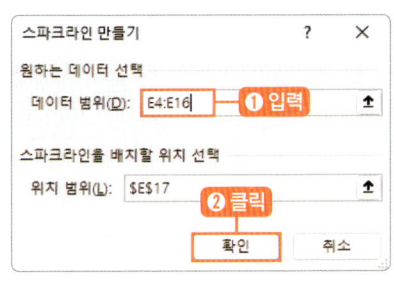

❸ [E17] 셀에 꺾은 선형 미니 그래프가 입력된 것을 확인 할 수 있습니다.

❹ [E17] 셀을 선택하고 [스파크라인] 탭-[스타일] 그룹-[스파크라인 색(스파크라인 색)]-'표준색 – 빨강'을 선택합니다.

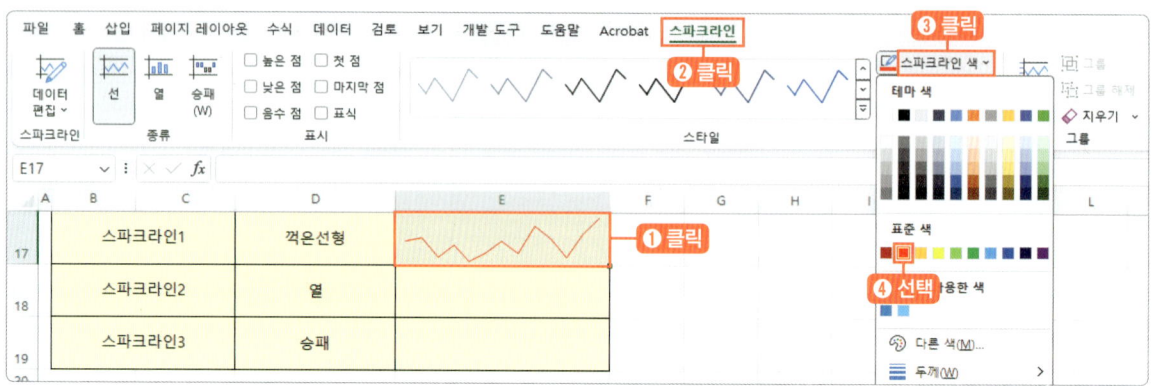

3 스파크 라인 – 열 적용하기

❶ [E18] 셀을 클릭한 다음 [삽입] 탭-[스파크라인] 그룹-'열( )'을 클릭합니다.

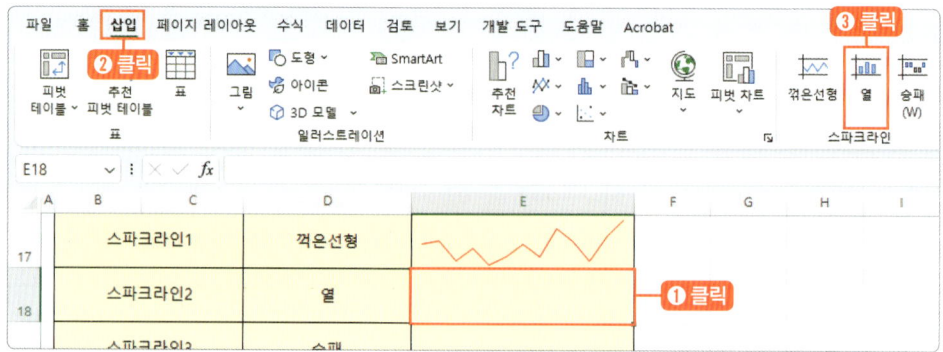

❷ [스파크라인 만들기] 대화상자에서 [데이터 범위]-'E4:E16'을 입력하거나 셀을 드래그해서 선택한 다음 <확인> 단추를 클릭합니다

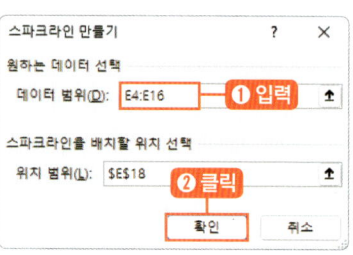

❸ [E18] 셀에 미니 막대 그래프가 입력된 것을 확인 할 수 있습니다.

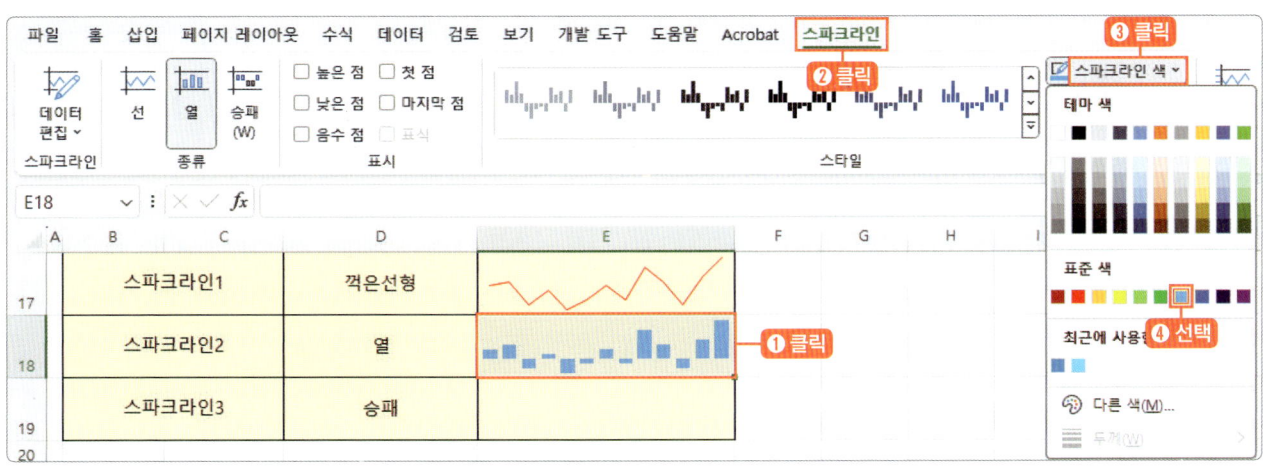

❹ [E18] 셀을 선택하고 [스파크라인] 탭-[스타일] 그룹-[스파크라인 색(스파크라인 색)]-'표준색 – 연한 파랑'을 선택합니다.

4 스파크 라인 – 승패 적용하기

❶ [E19] 셀을 클릭하고, [삽입] 탭-[스파크라인] 그룹-'승패( )'를 클릭합니다.

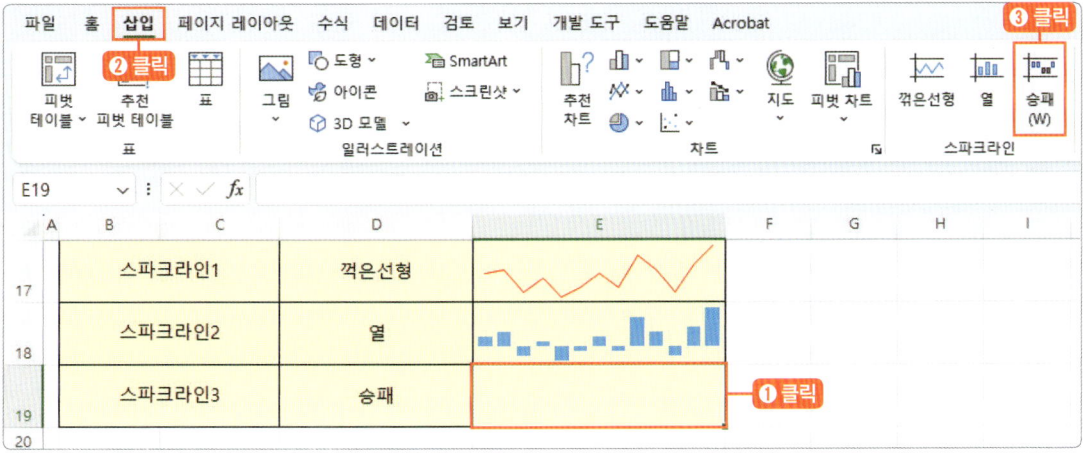

CHAPTER 24_ 나의 인생 미니 그래프 • 151

❷ [스파크라인 만들기] 대화상자에서 [데이터 범위]-'E4:E16'을 입력하거나 셀을 드래그해서 선택한 다음 <확인> 단추를 클릭합니다.

❸ [E19] 셀에 승패 그래프가 입력된 것을 확인 할 수 있습니다.

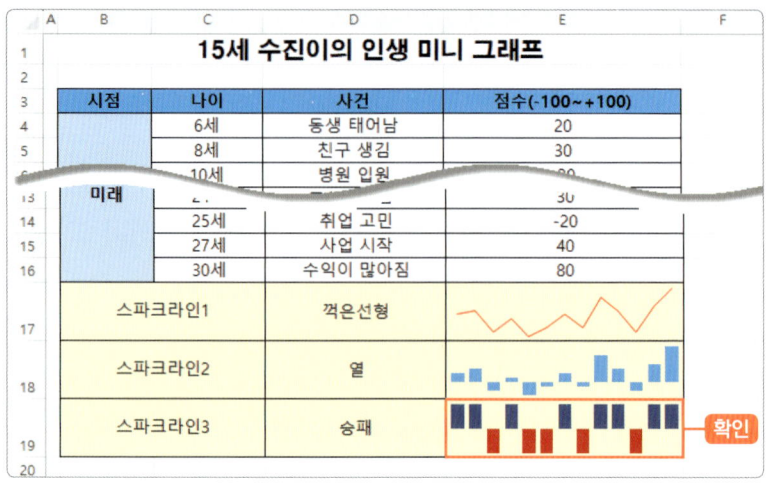

❹ [E19] 셀을 선택하고, [스파크라인] 탭-[스타일] 그룹-[스파크라인 색(스파크라인 색)]-'표준색 – 주황'을 선택합니다.

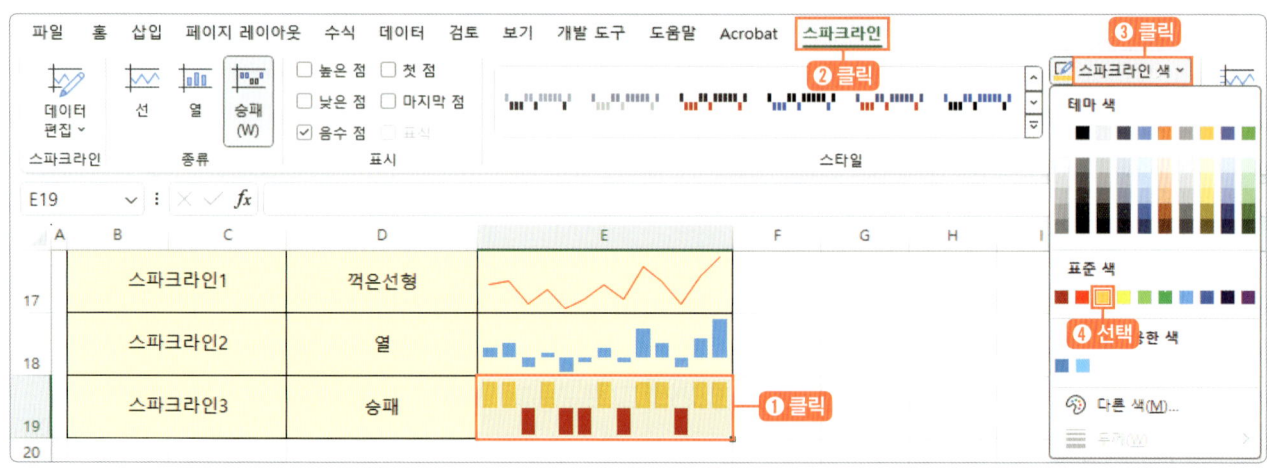

❺ 모든 작업이 끝나면 [파일] 탭-[다른 이름으로 저장]을 클릭합니다. 이어서, 대화상자가 나오면 본인의 폴더에 파일 이름을 '인생 미니 그래프(완성)'으로 입력하고 <저장> 단추를 클릭합니다.

CHAPTER 24

📁 불러올 파일 : 미션수행 01.xlsx   📁 완성된 파일 : 미션수행 01(완성).xlsx

 청소년의 주요 고민 통계 자료에 스파크라인으로 미니 막대를 표시해 봅니다.

작업 순서

① [불러올 파일]-[CHAPTER 24]-'미션수행 01.xlsx'을 불러옵니다.

② [D12] 셀을 선택하고 [스파크라인]-'꺾은선형'을 클릭하여 [D5:D11] 범위를 지정합니다.

③ [스파크라인 색]에서 임의의 색을 적용합니다.

④ 마찬가지 방법으로 [스파크라인]-'열', '승패'를 적용해 봅니다.

> 💡 TIP
> • [스파크라인]-'승패'는 왜 같은 모양일까요? '승패'라는 말과 같이 '이기고 지는 경우'만을 표시하기 때문에 비율 값이 양수를 나타내어 같은 모양의 막대 그래프를 표시합니다.

스스로 평가 중간점검 (01~12)

■ 불러올 파일 : 없음   ■ 완성된 파일 : 중간점검 01(완성).show

1 배운 내용을 토대로 다음과 같이 완성하고 저장해 봅니다.

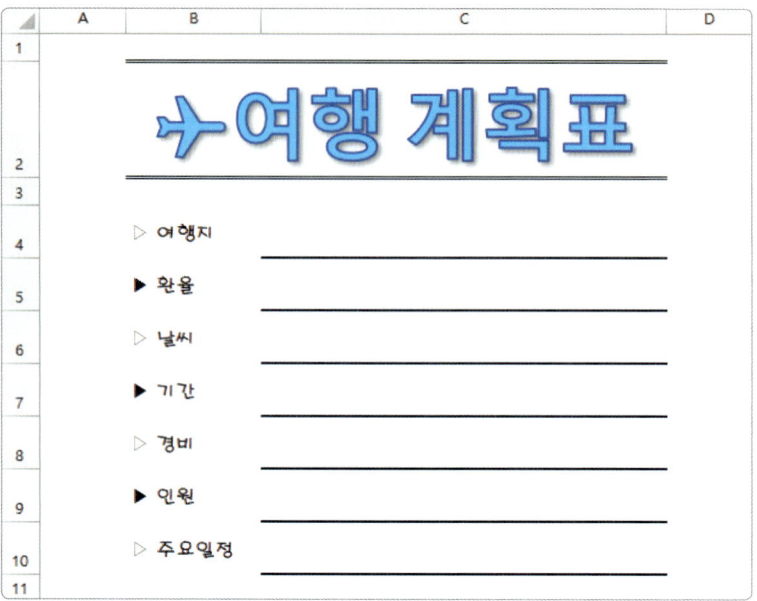

작업 순서

① [B2:C2] 셀을 '병합하고 가운데 맞춤'하고 워드 아트를 이용하여 제목을 자유롭게 꾸며봅니다. 셀 테두리는 그림과 같이 변경합니다.

② [B4:B10] 셀 : 위 그림을 참고하여 내용을 입력한 다음 글꼴(HY 엽서M), 글꼴 크기 (12pt)로 정합니다.

③ [C4:C10] 셀 : 셀 테두리 '굵은 아래쪽 테두리'를 적용합니다.

④ 모든 작업이 끝나면 '중간점검 01(완성).xlsx'로 저장합니다.

TIP

눈금선 끄기

- [보기] 탭-[표시] 그룹-'눈금선' 체크 해지합니다.

■ 불러올 파일 : 중간점검 02.xlsx   ■ 완성된 파일 : 중간점검 02(완성).xlsx

2 배운 내용을 토대로 다음과 같이 완성하고 저장해 봅니다.

2021년 12월 시군구별 출생 조사

출처 : 「인구동향조사」, 통계청

시군구별	남자 (명)	여자 (명)	계 (명)	순위
서울특별시	1,557	1,477	3,034	2위
부산광역시	458	430	888	5위
대구광역시	363	322	685	8위
인천광역시	483	476	959	4위
광주광역시	250	224	474	14위
대전광역시	252	257	509	12위
울산광역시	209	195	404	15위
세종특별자치시	114	112	226	16위
경기도	2,598	2,612	5,210	1위
강원도	245	237	482	13위
충청북도	276	284	560	9위
충청남도	363	354	717	7위
전라북도	280	244	524	11위
전라남도	281	261	542	10위
경상북도	393	382	775	6위
경상남도	497	478	975	3위
제주특별자치도	106	109	215	17위
전국 합계	**8,725**	**8,454**	**17,179**	
전국 평균	**513**	**497**	**1,011**	

작업 순서

① [불러올 파일]-[중간평가] 폴더에서 '중간점검 02.xlsx' 파일을 불러옵니다.
② [B2] 셀 : 글꼴 'HY헤드라인M', 글꼴 크기 '20'으로 변경합니다.
③ [B23:E25] 셀 : 글꼴 크기 '12', 글꼴 스타일 '굵게'로 변경합니다.
④ [E6:E22] 셀 : 각 시군구별 남자 (명)과 여자 (명)의 합계를 구합니다. (SUM 함수)
⑤ [C23:D23] 셀 : 전국 각 남자 (명), 여자 (명)의 합계를 구합니다. (SUM 함수)
⑥ [C24:D24] 셀 : 전국 각 남자 (명), 여자 (명)의 평균을 구합니다. (AVERAGE 함수)
⑦ [F6:F22] 셀 : 각 시군구별 순위를 구한 결괏값에 '위'를 붙이고, 글꼴 정렬 '오른쪽 맞춤'을 적용합니다. (RANK.EQ 함수, & 연산자)
⑧ 모든 작업이 끝나면 '중간점검 02(완료).xlsx'로 저장합니다.

스스로 평가 — 최종점검 (13~24)

1 아래의 내용을 읽고 정답을 찾아주세요.

1. 다음 중 함수의 이름과 기능이 서로 다른 것은 무엇일까요?

    ① SUM – 데이터들의 합계를 구하는 함수
    ② AVERAGE – 데이터들의 평균을 구하는 함수
    ③ COUNTIF – 주어진 조건에 맞는 데이터의 합을 계산하는 함수
    ④ RANK.EQ – 데이터의 순위를 구하는 함수

2. '값 5000'이 입력된 셀에 '5,000원'으로 표시 되도록 하려고 합니다. 어떤 표시형식을 적용하면 될까요?

    ① G/표준"원"   ② #,##0"원"
    ③ #,##0.0"원"   ④ 0.0"원"

3. 특정 셀을 절대참조($A$1) 또는 혼합참조($A1, A$1)로 사용하려고 합니다. 키보드의 기능키를 활용하면 $를 직접 입력하지 않아도 바로 적용 되도록 할 수 있습니다. 이 기능키는 무엇일까요?

    ① F2   ② F3
    ③ F4   ④ F5

4. 작업 순서를 기록해 두었다가 필요할 때 호출하여 사용할 수 있는 기능은 무엇일까요?

    ① 매크로   ② 부분합
    ③ 피벗 테이블   ④ 시나리오

■ 불러올 파일 : 최종점검 02.xlsx　　■ 완성된 파일 : 최종점검 02(완성).xlsx

2-1 작성 조건을 참고하여 시트를 완성해 봅니다.

<고급 필터 조건>

직업명이 '사'로 끝나면서 비율이 5 이상인 자료의 초등학생, 중학생 직업명과 비율 데이터를 추출

- 조건 위치 : [C17] 셀
- 결과 복사 위치 : [C20] 셀

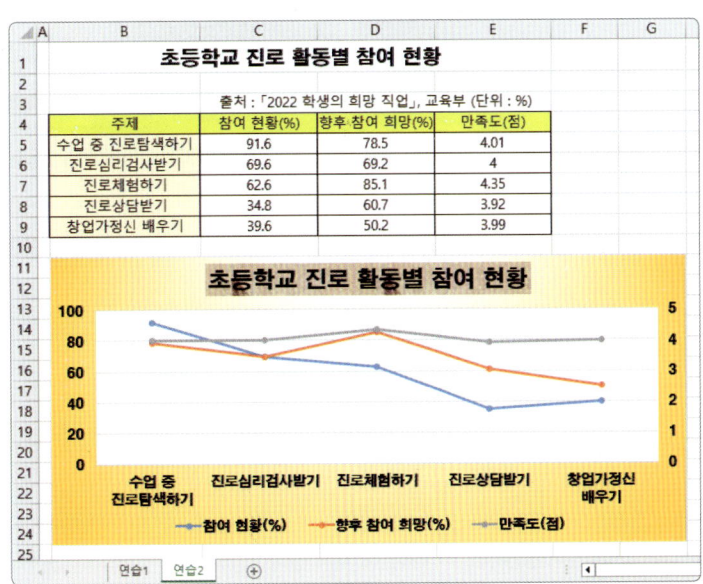

2-2 작성 조건을 참고하여 그래프를 완성해 봅니다.

<그래프 작성 조건>

표식이 있는 꺾은선형

- [B11:G24] 영역에 배치
- 글꼴(HY견고딕)
- 글꼴 크기(11pt, 18pt)
- 차트 영역 서식
  (임의의 그라데이션 미리 설정색), 그림 영역 서식(흰색)
- 제목 채우기(임의의 질감)

K마블 소개

아카데미소프트와 코딩아지트의 컴교실 **타자 프로그램**

[K마블이란?]

[K마블 인트로]

▶ 아직도 막 쳐! **'K마블'** 이라고 들어봤니?
▶ 키보드타자 + 마우스 + 문제해결능력은 물론 **블록코딩**과 **학습게임**까지
▶ 타자치는 인공지능 로봇 **키우스봇**과 함께하는 학습게임 타자 프로그램
▶ 모든 연습 내용은 **문해력**에 필요한 단어, 문장으로 구성
▶ 대전게임, 단어 연상 게임, 그래픽 고도화가 **업데이트** 되었습니다. 앞으로도 사용자 환경등 **지속적인 업데이트** 예정입니다.

K마블이 V 1.1로 업데이트 되었어요!
영어 버전도 준비하고 있어요^^

전체 메뉴

K마블 튜토리얼

커스텀 프로필

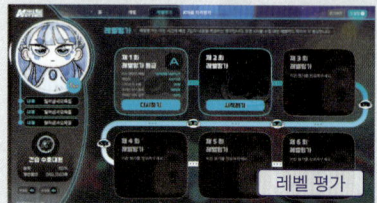
레벨 평가

마우스 게임

온라인 대전

▶ **커스텀 프로필**
자신의 케릭터를 꾸밀 수 있는 기능이 추가되었습니다. 케릭터의 머리, 얼굴, 옷, 장신구를 변경하여 자신만의 개성있는 케릭터를 만들어 봅니다.

▶ **레벨평가 시안성**
레벨평가 화면이 이전 화면 보다 보기 좋게 변경되었습니다. 배운 내용을 복습하여 높은 점수에 도전해 봅니다.

▶ **마우스 학습 게임 - 사칙연산 게임**
사칙연산을 이용해 제시된 숫자를 만드는 게임입니다. 난이도에 따라 더하기, 빼기, 곱하기, 나누기를 이용하여 제시된 숫자를 만들어 봅니다. 쉬움 난이도부터 게임을 익혀 봅니다.

▶ **온라인 대전 게임 - 영토 사수 작전**
친구들과 일대일 온라인 대전 게임으로 오타 없이 빨리 타자를 입력하여 영토를 지배하는 게임입니다. 비슷한 타수의 친구와 대결하면 재미있는 승부를 볼 수 있습니다.

 ※ K마블 영어 버전은 2025년 상반기에 출시될 예정이에요^^

컴퓨터 타자 활용 능력 자격 평가 안내

컴퓨터 자격증의 시작!
컴퓨터 타자 활용 능력

| 시행처 : 국제자격진흥원

[민간자격등록]
K마블 한글타자(2024-001827)
K마블 영문타자(2024-002318)

▶ 자격증 개요

'컴퓨터 타자 활용 능력' 자격 평가 시험은 컴퓨터 입문자를 위한 기초 자격시험으로 ITQ 및 DIAT 등 컴퓨터 자격시험 이전에 간단한 타자 능력을 평가하는 기초 자격 평가 시험입니다.

▶ 시험 과목 및 출제 기준

컴퓨터 기초 이론 + 마우스 + 키보드(타자) + 문제해결능력(블록 코딩)으로 구성

시험과목	시간	문항수	배점	등급
컴퓨터 기초 이론	10	10	100	A등급 → 900점 이상
마우스 사용 능력	10	2	300	B등급 → 800점 이상
키보드(타자) 사용 능력	10	2	300	C등급 → 700점 이상
문제해결능력	10	2	300	D등급 → 600점 이상

▶ 자격증 특징

✓ 누구나 쉽게 온라인으로 진행
- 교육기관에서는 단체 시험을 누구나 쉽게 온라인으로 원서접수 및 자격시험을 볼 수 있습니다.
- 교육기관은 교육 현장에서 교육 후 바로 시험을 볼 수 있습니다.
- 개인 응시자도 방문 접수 및 집체 시험 없이 온라인으로 원서접수 및 자격시험을 볼 수 있습니다.

✓ 타자 능력을 평가하는 컴퓨터 기초 시험입니다.
- OA 과정 또는 ITQ 및 DIAT 등 컴퓨터 전문 자격증을 취득하기 이전에 필요한 기초 타자 자격 시험입니다.
- 컴퓨터를 처음 접하는 입문자들에게 컴퓨터 기초 지식과 타자 및 마우스 사용 능력을 평가하는 시험입니다.

✓ 학습과 시험이 간단 명료합니다.
- K마블과 교재로 학습하고 해당 내용에서 출제하는 간단한 시험입니다.

✓ 모든 시험이 CBT 방식으로 컴퓨터에서 모두 시행됩니다.
- 시험의 모든 과목이 컴퓨터에서 진행됩니다.

※ **2025년** 상반기 **첫 시험**이 시행됩니다. (별도 공지)

아카데미소프트 홈페이지 소개

새롭게 리뉴얼된 아카데미소프트 홈페이지!!

▶ **선생님**과 더 가까이!
▶ 쉽고 빠르게 자료 **다운로드**
▶ 다양한 & **주요 정보**는 선생님과 **신속 공유!**

새롭게 개편될
2025년
아카데미소프트 홈페이지

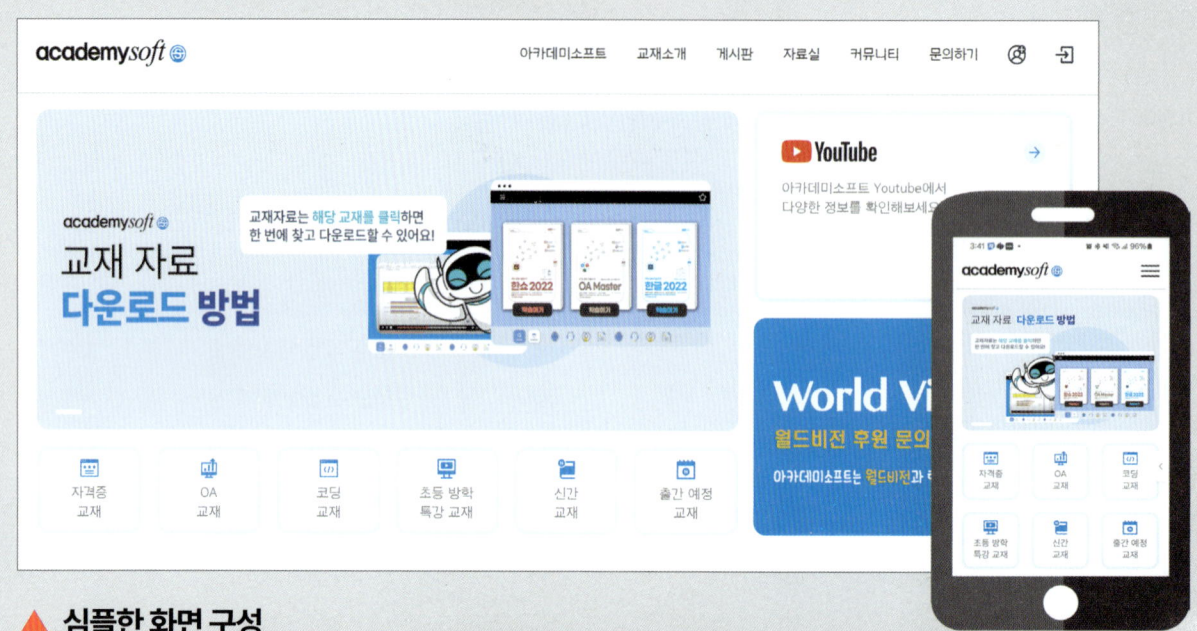

▲ 심플한 화면 구성
교재 정보와 해당 자료를 쉽게 찾을 수 있도록 구성하였습니다. 또한 바로 가기 메뉴에는 자주 사용하는 핵심 메뉴로 구성되었습니다. 또한 스마트폰과 태블릿 PC에서도 홈페이지 화면을 최적화 하여 모든 자료를 볼 수 있습니다.

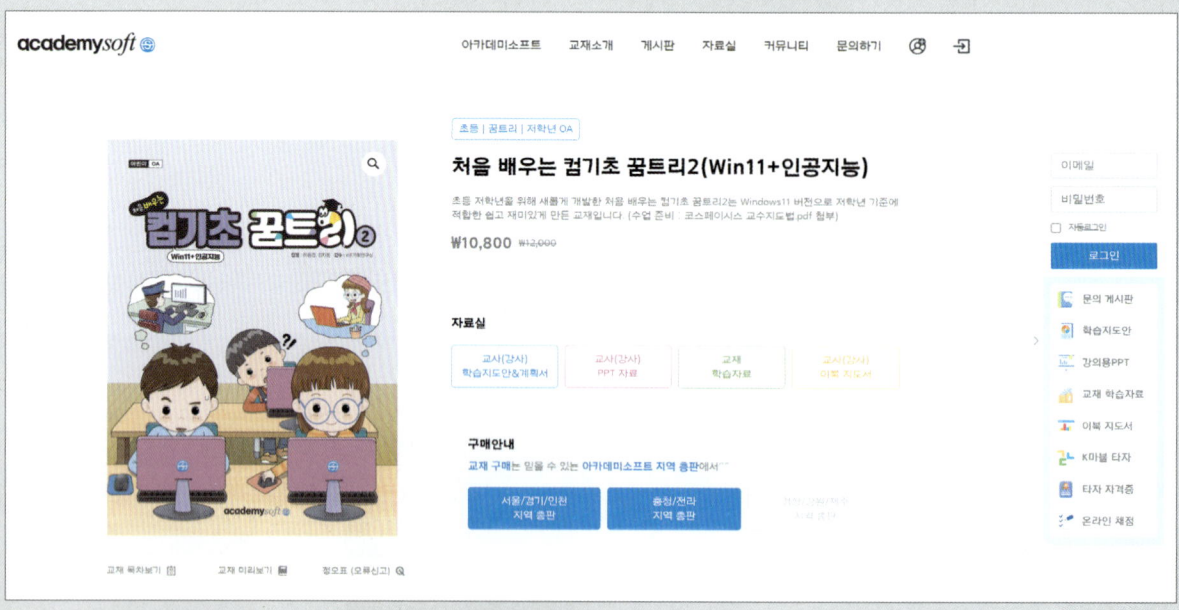

▲ 원 클릭 다운로드
교재 상세 페이지는 교재 설명과 자료를 모아 놓았습니다. 해당 교재 클릭 후 오른쪽에 쉽고 빠르게 다운로드 받을 수 있도록 메뉴를 배치 하였습니다.